Metodologia do Ensino na Educação Superior

Os volumes desta coleção trazem uma análise ampla e esclarecedora sobre os vários processos envolvidos no desenvolvimento das atividades que caracterizam a educação superior. São explorados os principais temas que devem ser profundamente conhecidos por professores e demais profissionais da educação nesse nível de ensino, desde os vinculados aos campos administrativo e político até os relativos à didática, à avaliação, à aprendizagem, à pesquisa e às relações pedagógicas. O objetivo é possibilitar que o leitor reflita criticamente sobre a constituição e o funcionamento da educação superior no Brasil.

Volume 1
Gestão da Instituição de Ensino e Ação Docente

Volume 2
Processo Avaliativo no Ensino Superior

Volume 3
Educação Superior Brasileira: Política e Legislação

Volume 4
Aprendizagem do Aluno Adulto: Implicações para a Prática Docente no Ensino Superior

Volume 5
Mediações Tecnológicas na Educação Superior

Volume 6
Pesquisa como Princípio Educativo

Volume 7
Relação Professor-Aluno-Conhecimento

Volume 8
Organização e Estratégias Pedagógicas

Makeliny Oliveira Gomes Nogueira

Aprendizagem do Aluno Adulto: Implicações para a Prática Docente no Ensino Superior

Informamos que é de inteira responsabilidade da autora a emissão de conceitos.

Nenhuma parte desta publicação poderá ser reproduzida por qualquer meio ou forma sem a prévia autorização da Editora InterSaberes.

A violação dos direitos autorais é crime estabelecido na Lei n.º 9.610/1998 e punido pelo art. 184 do Código Penal.

Av.: Vicente Machado, 317 – 14º andar
Centro . CEP 80420-010 . Curitiba . PR . Brasil
Fone: (41) 2103-7306
www.editoraintersaberes.com.br
editora@editoraintersaberes.com.br

Conselho editorial
Dr. Ivo José Both (presidente)
Drª. Elena Godoy
Dr. Nelson Luís Dias
Dr. Ulf Gregor Baranow

Editor-chefe
Lindsay Azambuja

Editor-assistente
Ariadne Nunes Wenger

Editor de arte
Raphael Bernadelli

Análise de informação
Ísis Casagrande D'Angelis

Revisão de texto
Monique Gonçalves

Capa
Denis Kaio Tanaami

Projeto gráfico
Bruno Palma e Silva

Iconografia
Danielle Scholtz

Dados Internacionais de Catalogação na Publicação (CIP)
(Câmara Brasileira do Livro, SP, Brasil)

Nogueira, Makeliny Oliveira Gomes
   Aprendizagem do Aluno Adulto: Implicações para a Prática Docente no Ensino Superior / Makeliny Oliveira Gomes Nogueira. – 1. ed. – Curitiba: InterSaberes, 2012. – (Coleção Metodologia do Ensino na Educação Superior; v. 4).

Bibliografia.
ISBN 978-85-8212-199-3

1. Educação de adultos 2. Ensino superior
3. Prática de ensino 4. Professores universitários – Formação profissional I. Título II. Série.

12-08655   CDD 370

Índices para catálogo sistemático:
1. Aluno adulto: Aprendizagem: Educação   370

Foi feito o depósito legal.

1ª edição, 2012.

Sumário

Apresentação, 9
Introdução, 11

Aprendizagem: um processo social e histórico, 13
    1.1   O processo de ensino-aprendizagem do aluno: a formação integral, 17
    1.2   Contribuições da psicologia para a aprendizagem no ensino superior, 20
Síntese, 29
Indicações culturais, 30
Atividades de Autoavaliação, 31
Atividades de Aprendizagem, 33

A psicologia do desenvolvimento e a aprendizagem: concepções contemporâneas, 35

2.1 A epistemologia genética de Jean Piaget e a aprendizagem, 38

2.2 A teoria sócio-histórica de Lev Semenovich Vygotsky, 46

Síntese, 54

Indicações culturais, 55

Atividades de Autoavaliação, 55

Atividades de Aprendizagem, 58

O processo de ensino-aprendizagem do aluno adulto: conceitos importantes*, 59

3.1 Afetividade e aprendizagem no ensino superior, 70

3.2 Ensino superior na atualidade: a necessidade de rever paradigmas, 75

Síntese, 79

Indicações culturais, 80

Atividades de Autoavaliação, 81

Atividades de Aprendizagem, 83

Contribuições da andragogia para o ensino superior, 85

Síntese, 96

Indicação cultural, 97

Atividades de Autoavaliação, 98

Atividades de Aprendizagem, 100

A prática docente no ensino superior: formação, planejamento e atuação, 101

5.1 Exigências da formação universitária e aprendizagem, 104

Síntese, 111

Indicação cultural, 112

Atividades de Autoavaliação, 112

Atividades de Aprendizagem, 115

Considerações finais, 117
Glossário, 119
Referências, 123
Bibliografia comentada, 129
Gabarito, 133
Nota sobre a autora, 139

Apresentação

O ensino superior vem conquistando um espaço privilegiado não só nas atuais políticas públicas brasileiras, no que concerne à formação e à valorização dos profissionais da educação, mas também em relação à sua crescente expansão, em função da demanda do mercado de trabalho e também de uma necessidade explícita para a formação integral do ser humano.

Nessa perspectiva, esta obra surge como uma fonte de reflexão sobre o processo de ensino-aprendizagem do aluno adulto, assim como sobre a prática docente no ensino superior.

O primeiro capítulo, intitulado "Aprendizagem: um processo social e histórico", apresenta algumas questões importantes sobre a aprendizagem e o desenvolvimento humanos, dando enfoque à perspectiva sócio-histórica deste. Apresenta, ainda, uma síntese de outras concepções de desenvolvimento que repercutem na educação atualmente, a saber, o inatismo e o behaviorismo ou comportamentalismo.

No segundo capítulo, "A psicologia do desenvolvimento e a aprendizagem: concepções contemporâneas", destacamos a perspectiva da epistemologia genética do suíço Jean Piaget. Em seguida, nos debruçamos sobre a teoria sócio-histórica do seu contemporâneo russo, Lev Semenovich Vygotsky, por considerarmos esses autores representantes importantes do legado que se tem hoje, na educação, sobre os aspectos relacionados à aprendizagem e ao desenvolvimento humanos, numa perspectiva interacionista ou sociointeracionista.

O terceiro capítulo, "O processo de ensino-aprendizagem do aluno adulto: conceitos importantes", destaca alguns conceitos-chave para a compreensão e o desenvolvimento adequado do processo de ensino-aprendizagem e discute o papel da afetividade e da necessidade de rever paradigmas em relação à formação acadêmica de nível superior.

O quarto capítulo, "Contribuições da andragogia para o ensino superior", apresenta as contribuições da andragogia com base na perspectiva da educação "permanente", "continuada" e "integral" do aluno adulto.

Finalmente, o quinto capítulo, "A prática docente no ensino superior: formação, planejamento e atuação", destaca documentos oficiais, analisando as exigências e os desafios da formação universitária, na qual o professor surge como mediador do processo de ensino-aprendizagem em sua práxis pedagógica.

Desejamos que esta obra possa contribuir de maneira significativa para a formação continuada de professores mais bem preparados, conscientes e críticos e que promovam um ensino superior de melhor qualidade para jovens e adultos.

Introdução

Muito se tem pesquisado sobre a formação de professores universitários, mas pouco espaço tem sido dado ao estudo do processo de ensino-aprendizagem do aluno adulto e às suas implicações para a prática docente no ensino superior. Contudo, este tema é imprescindível para a compreensão das questões que envolvem a docência no ensino superior, já que analisar e compreender esse processo é decisivo na construção de uma educação de qualidade em cursos de graduação e de pós-graduação.

Dessa forma, ao compreendermos o processo de ensino-aprendizagem do aluno adulto, nesta obra, trazemos para debate a reflexão sobre a finalidade do trabalho educacional no ensino superior caracterizando sua presença nos cursos de metodologia do ensino na educação superior, com base em um olhar sobre a aprendizagem, numa perspectiva sociocultural e histórica.

Nesse sentido, este livro tem como objetivo contribuir para o debate sobre o trabalho de formação de professores universitários, dando ênfase ao ensino-aprendizagem do aluno adulto, bem como aos aspectos que compõem as principais correntes teóricas e as diretrizes para a formação integral desse aluno.

Além de fundamentar teoricamente, há, ao longo desta obra, questões e atividades ao final de cada capítulo e indicações culturais fundamentais para consolidar o aprendizado. Dessa forma, certamente os alunos poderão adquirir conhecimentos imprescindíveis sobre o processo de aprendizagem e desenvolvimento humanos e refletir sobre sua própria formação como alunos e futuros professores do ensino superior.

Capítulo 1

Neste capítulo, estudaremos questões importantes sobre a aprendizagem humana, dando ênfase à perspectiva sócio-histórica. Também apresentaremos uma síntese de algumas concepções de desenvolvimento que repercutem na educação atualmente, mostrando perspectivas e contribuições de grandes nomes como Freud e Skinner.

Aprendizagem: um processo social e histórico

A aprendizagem é um processo contínuo e dinâmico que ocorre durante toda a vida do ser humano, e é por meio dela que o indivíduo se apropria de algo novo, **apreende** um novo conhecimento, de modo que esse conhecimento passa a fazer parte dele.

Esse processo é resultado da interação entre o indivíduo e o meio sociocultural em que ele vive, ou seja, para que o ser humano aprenda, é necessário que ele interaja com os outros semelhantes. Com base nessas interações, ao longo do desenvolvimento da sua espécie de se apropria de conhecimentos, habilidades, estratégias, valores, crenças e aptidões.

Esse processo de aprendizagem acontece com todos nós, porém as formas de aprender podem variar de uma pessoa para outra. Para que possamos compreender essa questão, é necessário reconhecer que cada um de nós vive em um ambiente sociocultural diferente, pois, apesar de compartilharmos uma característica fundamental, que é o momento histórico no qual vivemos, temos, cada um de nós, uma família que nos educa desta ou daquela maneira, amigos que nos influenciam mais ou menos em nossas decisões, uma escola que nos ensina de uma forma mais ou menos tradicional, um trabalho que nos leva a interagir com pessoas diferentes, uma vida particular que nos traz inúmeros desafios, enfim, o contexto em que vivemos e a maneira como encaramos essa realidade nos formam e transformam. Por tudo isso, cada um de nós tende a aprender de múltiplas e diferentes maneiras, construindo ativamente os conhecimentos nas interações com os outros ao longo de toda a vida.

Há também, entre nós, outras diferenças constituídas socialmente – alguns de nós são mais visuais; outros, mais manuais, e existem aqueles que têm mais sensibilidade auditiva etc. Por exemplo: algumas pessoas têm mais facilidade em aprender trabalhos manuais que envolvam a coordenação motora fina, como tricô, crochê, desenho ou pintura; outras preferem atividades que envolvam cálculos numéricos e são excelentes com problemas de raciocínio lógico-matemático; outras têm mais prazer e facilidade em áreas que envolvem a criatividade, a imaginação e a reflexão.

Assim, entendemos que as pessoas aprendem coisas diferentes de formas variadas, de acordo com suas predileções, com diferentes pessoas e em lugares diversos (família, amigos, escola, trabalho, igreja, clube, professores, ou mesmo livros, filmes, teleaulas – artefatos criados pela cultura humana – etc.). Contudo, podemos afirmar que, apesar de cada ser humano ser singular em sua forma de aprender, sempre necessitará do contato com os outros seres humanos para isso. É na relação eu-outro que o indivíduo se desenvolve num processo de crescimento mútuo e de aprendizagem contínua.

1.1 O processo de ensino-aprendizagem do aluno: a formação integral

A concepção sócio-histórica, na qual nos apoiamos nesta obra, entende que o ser humano se constitui por meio de suas relações com os outros seres humanos, com base em uma constituição histórica e sociocultural, como explicitamos anteriormente.

Essa linha de pensamento fundamenta-se na perspectiva dos trabalhos desenvolvidos pelo psicólogo russo L. S. Vygotsky e por seus parceiros Luria e Leontiev (a qual daremos enfoque no Capítulo 2), os quais concebem o ser humano como um ser ativo, social e histórico, e a sociedade como produção histórica destes, os quais, por meio do trabalho, constroem sua vida e suas ideias.

Assim, as perspectivas materialista e dialética compreendem a história como uma construção humana que, por meio de um processo, contraditório, cheio de conflitos, superações e mudanças, transforma a si e a sua própria realidade.

Nessa concepção, o processo de ensino-aprendizagem possui um papel de destaque em nossas reflexões, pois é esse processo que permitirá ao ser humano passar de geração a geração seus conhecimentos, métodos e técnicas para transformar a realidade natural, que antecede sua existência, em uma realidade histórica e cultural, modificada e marcada diretamente por sua atividade no mundo. Segundo Bock (1999, p. 13):

> *Na concepção sócio-histórica, crítica à visão positivista, o homem só pode ser compreendido em sua inserção num mundo social. As determinações humanas são sociais. Sua natureza ou sua condição biológica se insere e se desenvolve num meio social. O que a natureza dá ao homem não é suficiente para garantir sua vida em sociedade. O homem precisará adquirir formas de satisfazer suas necessidades e, para isso, deverá se apropriar das formas socialmente construídas de satisfação das necessidades.*

Um exemplo disso é a criança que aprende com a mãe a comer com a colher (instrumento concreto), ainda bem pequena, suprindo sua necessidade básica de se alimentar, e aprende a expressar suas ideias e seus sentimentos por meio da linguagem (instrumento simbólico), suprindo suas necessidades de comunicação com as outras pessoas. Dessa forma, os conhecimentos (dos mais simples aos mais complexos) vão sendo ensinados e apreendidos de geração a geração.

Contudo, no caso do exemplo anterior, no qual a criança aprende com a mãe, a aprendizagem é informal, ou assistemática (aquisição instrumental das técnicas e recursos que permitem o desempenho na comunidade). Já na instituição escolar, a aprendizagem é formalizada, ou sistemática (acontece por intermédio de instituições educacionais de educação infantil, ensino fundamental, médio e superior), ou seja, torna-se intencional, planejada, com o objetivo explícito de transmitir os saberes necessários para viver numa determinada época e sociedade. Por isso, os conteúdos da instituição escolar* mudam.

Assim, podemos afirmar que, ao sermos concebidos, não recebemos como "dom" a condição humana, mas, ao contrário, vamos nos constituindo humanos ao longo do processo histórico de subjetivação, ou seja, somos seres históricos, interagindo com a cultura, a sociedade e o mundo e, dessa forma, **vamos aprendendo a ser humanos** com os outros humanos. Como afirma Leontiev (1978, p. 267, grifo nosso), "cada indivíduo **aprende a ser um** homem. O que a natureza lhe dá quando nasce não lhe basta para viver em sociedade. É-lhe ainda preciso adquirir o que foi alcançado no decurso do desenvolvimento histórico da sociedade humana".

---

* Entendemos por **instituição escolar** todos os níveis de ensino formal, inclusive o superior.

Nessa perspectiva, a educação é um dos processos mais importantes de formação social do sujeito. Ela é um processo de singularização que permite a construção da nossa subjetividade (articulação do afetivo e do cognitivo), ou seja, cada um de nós vai se apropriando da humanidade e constituindo sua singularidade.

Por tudo isso, podemos afirmar que há na educação um processo de formação de sujeitos, e a dimensão subjetiva a que nos referimos aqui é, exatamente, o reconhecimento de que cada sujeito é parte do processo educacional e deverá ser percebido e tomado pelo professor como tal. Ou seja, cada um de nós é único; apesar de estarmos inseridos nas relações sociais do grupo, temos características próprias e formas de aprender diferentes, que precisam ser respeitadas.

Concordamos com Leontiev (1978, p. 273) quando diz que "o movimento da história só é [...] possível com a transmissão, às novas gerações, das aquisições da cultura humana, isto é, com a educação". Contudo, é importante ressaltar que esse processo de transmissão não significa que o sujeito estará no processo como ser que apenas recebe o conhecimento por meio da absorção passiva de conteúdos. Também não estamos dizendo com isso que o professor é o sujeito que domina os saberes e os "ensina", "transfere" para o aluno e este simplesmente absorve (anota, reproduz, exercita, aceita); ao contrário, ele deve estar ativo e ser conjuntamente responsável por sua formação.

No caso do aluno do ensino superior, isso ocorre de maneira mais explícita, pois o estudante adulto já está escolarizado e traz consigo toda uma bagagem de aprendizagens anteriores adquirida na educação formal, como também na educação informal e em toda a sua experiência de vida. Contudo, o aluno adulto não é um ser imutável, ele continua em constante desenvolvimento e está sempre "em processo" de aprendizagem, não só de conceitos, mas também de estratégias de aprendizagem (que estudaremos no Capítulo 3).

Assim, o mais importante é o professor manter o foco no desenvolvimento do aluno como um todo, contemplando a formação profissional, os conhecimentos interdisciplinares, a prática de pesquisa, as relações interpessoais, a ética, a integração teoria-prática e a relação de todos esses fatores com a formação pessoal, ou seja, há de se priorizar uma **formação integral do aluno.**

Para tanto, consideramos que a orientação e o apoio adequados do professor, no momento oportuno, são fundamentais aos alunos, no sentido de orientá-los ao longo da vida acadêmica, apoiando-os na busca permanente da superação das dificuldades e dos desafios constantes no ensino superior.

Na verdade, contribuir para a formação acadêmica, pessoal e profissional do estudante universitário, considerando os aspectos cognitivos, sociais, afetivos e relacionais implicados no exercício de uma formação integral, deve ser prioridade, não só no ensino superior, mas em todos os níveis de ensino, para que a educação possa cumprir seu papel na criação de um mundo melhor, com cidadãos mais conscientes, críticos e criativos.

1.2 Contribuições da psicologia para a aprendizagem no ensino superior

A psicologia tem muito a contribuir para a formação integral do aluno adulto no ensino superior. Desde o século XIX, essa ciência vem se desenvolvendo por meio de diversas correntes teóricas, porém cada uma delas tem um objeto de estudo diferenciado e, consequentemente, unidades de análise diferenciadas, como estudaremos a seguir.

Talvez muitos de vocês não tenham conhecimento de que a psicologia nasceu por meio da filosofia: a filosofia empirista deu origem ao behaviorismo; a filosofia idealista, ao inatismo; e a dialética, ao interacionismo.

Atualmente, essas concepções teóricas ainda influenciam o campo da educação e a compreensão das pessoas no cotidiano. Por tal motivo, consideramos importante o estudo dos conceitos básicos de cada uma delas. A primeira das concepções que veremos é a inatista.

1.2.1 A concepção inatista

Essa linha de pensamento parte do pressuposto de que tudo o que ocorre após o nascimento do bebê não é importante para o seu desenvolvimento, ou seja, acredita-se que a capacidade de desenvolvimento e de aprendizagem do ser humano já está determinada, e nada, ou quase nada, que aconteça depois pode mudar isso. Dessa forma, a personalidade, a inteligência, os valores, as crenças, a forma de pensar e de ver o mundo nasceriam com a pessoa, sofrendo pouca alteração ao longo de sua existência.

Popularmente, ouvimos muitos ditados sobre essa linha de pensamento, como: "Pau que nasce torto morre torto", "Filho de peixe, peixinho é", "Tal pai, tal filho" e outras falas parecidas que pressupõem que o papel do ambiente (ou seja, o convívio familiar, a escola, os amigos e a sociedade em geral) pouco interfere na constituição da pessoa.

Essa posição inatista apoia-se na transmissão biológica (hereditariedade) das características de pai para filho, ou seja, cada um de nós seria nada mais, nada menos, do que um conjunto de traços passados de geração a geração pelos nossos pais, avós, bisavós e assim sucessivamente, estabelecendo limites que não podem ser ultrapassados. Nessa linha de raciocínio, filhos de pais pobres estariam condenados à pobreza, assim como filhos de pais alcoólatras estariam fadados ao alcoolismo ou mesmo filhos de pais delinquentes estariam condenados a se tornarem criminosos; por outro lado, filhos de pais com quociente de inteligência (Q.I.) elevado, igual ou superior a 180, considerados gênios, também seriam gênios.

Essa visão reducionista difundida pelo inatismo gerou uma ideia preconceituosa e equivocada sobre o desenvolvimento e a aprendizagem humanos, pois é evidente que essa perspectiva demonstra uma relação de causa-efeito que não tem nenhuma veracidade ou comprovação científica empírica ou mesmo teórica, embora muitas pessoas erroneamente acreditem nesses mitos difundidos no senso comum. Tais crenças acabam gerando implicações bastante negativas e pessimistas para a educação, pois, se realmente as pessoas já nascessem com a capacidade de desenvolvimento e de aprendizagem predeterminadas e, portanto, imutáveis, de nada valeria a escola. Infelizmente, alguns professores, imbuídos preconceitos, rotulam alguns de seus alunos, prejudicando seu desempenho acadêmico de forma irreversível.

Como essa linha compreende a capacidade de aprender como algo inato, entende que a responsabilidade pelo sucesso ou fracasso é do próprio aluno e jamais da metodologia utilizada pelo professor. Esse tipo de educação classifica os alunos segundo seus resultados acadêmicos e considera essa classificação em "bons" e "maus" alunos como absolutamente normal. A avaliação praticada pela escola que pensa desse modo não objetiva saber o que o aluno realmente aprendeu, e sim o que ele relembra e, reproduz dos conceitos transmitidos pelo professor.

Embora bastante prejudicial para o trabalho em sala de aula, não é difícil encontrar essa linha de pensamento em universidades, sendo difundida por professores e alunos que pensam e agem desse modo, ainda que seja uma atitude inconsciente ou camuflada, sob o disfarce das preferências por esse ou aquele aluno que consideram "mais capazes" que os outros. É urgente superar essa concepção e ir além, em direção a uma aprendizagem mais significativa para os alunos, que realmente contribua para despertar o interesse destes para o conhecimento, e não apenas com a reprodução de conceitos ou com a memorização de teorias.

Porém, é preciso apresentar algumas contribuições importantes de outros autores que consideram que há uma essência humana natural, que se constitui no ser humano com base nele mesmo, como a de Sigmund Freud (1856-1939).

Esse médico psiquiatra é considerado o pai da psicanálise (ou análise da mente), escola psicológica iniciada em Viena (Áustria) no início do século XX. Seu interesse inicial era pesquisar as causas das doenças mentais (neuroses e psicoses). Sua obra foi influenciada pelo modelo cartesiano de ciência, embora ele discordasse dos racionalistas em relação à razão humana, pois acreditava que o ser humano é fortemente comandado pelo inconsciente (conteúdos reprimidos – não presentes – da consciência pela ação de censuras internas) e por forças instintivas.

Para Freud (1974), todo comportamento humano é superdeterminado, ou seja, nossos atos (mesmo os que parecem ocorrer ao acaso) estão relacionados a uma série de causas, das quais frequentemente não temos consciência.

Embora sua obra não se refira à concepção inatista de desenvolvimento, a crença de Freud de que todo comportamento humano é orientado pelo impulso sexual, denominado por ele de *libido*, o qual se manifesta desde o nascimento e segue durante toda a vida do sujeito, leva alguns autores a acusá-lo de inatista, pois, segundo eles, sua teoria naturaliza o desenvolvimento humano. É como se naturalmente todos nós vivêssemos experiências muito semelhantes, da mesma forma, passando pelos mesmos processos de desenvolvimento durante a nossa vida, em qualquer meio socioeconômico ou cultural, ou seja, para Freud, todos os processos psíquicos seriam iguais ou muito semelhantes em todo e qualquer ser humano, independentemente do contexto social em que ele vive.

Contudo, é preciso ressaltar a notável influência de Freud não só na medicina e na psicologia, mas também na educação. Embora não possa ser considerado um pedagogo, Freud teve grande influência nessa área. Por tal motivo, selecionamos dois conceitos importantes para as nossas reflexões sobre o processo de ensino-aprendizagem: o "desejo de aprender" e a situação "transferencial" entre alunos e professor.

Com base em Freud e na psicanálise, houve um novo olhar sobre o desenvolvimento e a aprendizagem humanos. Antes, a educação era modeladora, ou seja, o seu objetivo era apenas treinar e transmitir valores, sem levar em conta o desejo do aluno. Com Freud, essa ideia se inverteu e surgiu uma nova prática educativa, não repressiva e respeitadora do desejo do aluno. Após essa prática, apareceram novas ideias e necessidades educativas e passou-se a considerar o "aprender pela satisfação", e não o "aprender pela coerção", como parâmetro para o processo de ensino-aprendizagem mais prazeroso e consequentemente mais significativo. Contudo, ainda hoje, há instituições e professores que orientam seus trabalhos pela coerção, impondo aos alunos uma postura submissa.

O desejo de aprender, ou o "aprender pela satisfação", refere-se aos aspectos subjetivos do aluno, que interferem, quer ele saiba ou não, na aprendizagem e na relação professor-alunos e nas relações aluno-aluno. O aluno que deseja aprender e que tem prazer e satisfação na aprendizagem confere ao professor o espaço de ser alguém com quem vale a pena estar e terá muito mais facilidade no processo de ensino-aprendizagem.

Outro conceito importante da teoria freudiana para as nossas reflexões é o conceito de transferência. Esse foi um dos primeiros fenômenos observados por Freud, que percebeu que todos os seus pacientes desenvolviam para com ele sentimentos de grande intensidade, afetuosos ou hostis. Ele também constatou que esse processo de transferência acontece em todos os relacionamentos interpessoais, e não apenas no tratamento clínico, sendo um fenômeno universal.

O processo de transferência está relacionado ao aparecimento de sentimentos, impulsos, atitudes, fantasias e defesas experienciadas com pessoas com as quais convivemos. Porém, são reflexos e repetições (positivos ou negativos) de reações passadas, que se originaram em relações significativas do passado (infância) e que são deslocadas inconscientemente para pessoas no presente – maridos, esposas, filhos(as), professores(as), amigos(as), colegas de trabalho etc.

Assim, em sala de aula, muitas vezes o aluno revive, na relação com o professor, sentimentos de amor e ódio (embora inconscientes), os quais possivelmente foram gerados em outras épocas na sua história de vida. Por isso, muitas vezes o gostar ou não de um professor não se refere apenas à relação estabelecida com ele, mas ao que esse professor significa em nosso inconsciente. Sua voz, seu rosto, seu estilo podem nos remeter, inconscientemente, a vivências anteriores. Para nós, professores, isso significa que precisamos ter claro que algumas reações dos alunos em relação a nós podem estar ligadas ao fenômeno da "transferência".

Dessa forma, Freud, ao descobrir os fenômenos da transferência e do desejo, influenciou progressivamente a educação e a mentalidade dos educadores, na compreensão da relação professor-aluno.

1.2.2 O behaviorismo*

Outra concepção de desenvolvimento, de certo modo contrária à primeira, é a que recebeu o nome de *behaviorismo* ou *comportamentalismo*. Essa concepção surgiu com o desenvolvimento da psicologia como ciência experimental, ou seja, quando ela procurou investigar o comportamento humano como algo que pudesse ser observado e quantificado.

---

* Para saber mais sobre o tema deste subitem, veja Zanotto; Moroz; Gióia, 2008.

Para essa linha, há uma imensa influência do ambiente no desenvolvimento humano. Nessa concepção, o ser humano é considerado um ser completamente plástico, ou seja, moldado pelo meio em que vive. Segundo essa perspectiva, todo conhecimento humano provém do ambiente externo, pois a criança é concebida como uma tábula rasa (do latim, "folha em branco"), ou seja, sem saber nada, sem conhecimento nenhum, sem qualquer registro de informações. Dessa forma, os conhecimentos vêm do mundo externo, e o sujeito os recebe passivamente.

Por seguinte, podemos pensar que, se tudo é aprendido de "fora para dentro", o reforço seria algo essencial. Portanto, segundo essa teoria, quando o sujeito responde de acordo com o esperado, deverá receber reforço positivo. Essa postura é muito confundida com o treinamento, – como se faz com animais – e, embora todos nós tenhamos comportamentos que foram adquiridos por essa via, ela não basta para uma aprendizagem realmente significativa.

Infelizmente também essa concepção é mal utilizada em nossas escolas, por exemplo, o sistema de notas que reforça positivamente os bons resultados (quem respondeu na prova exatamente o que o professor queria ouvir) e penaliza os que não conseguiram demonstrar ter absorvido o que foi dito nas aulas. Além disso, a própria prática em sala assume ares de treinamento na resolução de um problema ou de uma operação, de modo que muitas vezes o aluno "sabe fazer" de forma automatizada, mas não sabe "por que faz". Essa aprendizagem, com certeza, não é autônoma nem criativa ou crítica, é apenas uma das vertentes da teoria behaviorista, pois tal teoria pode ser usada de forma a contribuir significativamente com o processo de ensino-aprendizagem, em aspectos essenciais no mundo atual, como veremos a seguir.

Um dos autores considerados como a grande personificação da psicologia behaviorista americana é Burrhus Frederic Skinner (1904-1990). Ele nasceu em Susquehanna, na Pensilvânia, em 20 de março de

1904, e se formou em Letras, mas foi um grande estudioso da psicologia, influenciando estudos em todo o mundo. As pesquisas de Skinner analisavam o comportamento observável, sem se preocupar com os processos internos – fisiológicos e mentais –, enfatizando apenas a importância dos processos externos – ambientais. Apesar de esse autor não ignorar a existência da subjetividade humana, acreditava que apenas os processos objetivos e observáveis do comportamento humano eram passíveis de estudo e validade científica.

Apesar de o seu trabalho ter sofrido muitas críticas e contestações, trouxe contribuições significativas para a educação. Skinner em momento algum explicita qualquer proposta para a formação de professores, contudo todas as suas obras relativas à educação analisam o papel fundamental do professor no planejamento das condições de aprendizagem. Podemos sintetizar quatro pontos básicos que norteiam o processo de ensino-apendizagem, com base na concepção desse autor (Skinner, 1975):

1. Para usar adequadamente os "instrumentos" do ensino, independentemente de quais sejam eles e quais deles estejam disponíveis no momento do ensino, o professor deve tomar esses instrumentos como referência para instalar mudanças no aluno, possibilitando-o, assim, de se comportar de maneira mais eficiente e diferente da que acontecia antes do processo de ensino.
2. O professor deve conhecer as possibilidades do aluno, em termos comportamentais (sob quais contingências seu comportamento está sendo mantido), tomando-as como condição prévia para planejar um ensino eficiente, que elimine dificuldades desnecessárias para o aluno.
3. O professor necessita conhecer e estabelecer os objetivos do processo de ensino, de modo que eles interfiram relevantemente no comportamento do aluno.

4. O professor precisa dominar o conteúdo a ser utilizado no processo de ensino.

O behaviorismo orienta o ensino tecnicista de educação propondo: planejar e organizar de forma racional as atividades acadêmicas; operacionalizar os objetivos; parcelar o trabalho e, especializar as funções; ensinar por computadores, teleaulas e procurar tornar a aprendizagem mais objetiva. Contudo, é preciso ter em mente que isso não pode significar ou levar, evidentemente, as instituições a formatarem "robôs" sem autonomia, supervalorizando a técnica como meio de produção, pois se corre o risco de empobrecer o significado real dessa dimensão, separando-a, isolando-a como apenas um fazer e descolando-a do "pensar para fazer". Isso gera uma mecanização, a reprodução sem reflexão, causando a alienação do estudante.

Nesse sentido, Freire (2007b, p. 33) diz que "um profissional alienado é um ser inautêntico. Seu pensar não está comprometido consigo mesmo, não é responsável. O ser alienado não olha para a realidade com critério pessoal, mas com olhos alheios. Por isso vive uma realidade imaginária e não a sua própria realidade objetiva". Esse profissional reproduz constantemente, imita, sem nenhuma autenticidade, tudo que lhe é imposto, sem qualquer análise crítica.

Assim, os professores precisam estar alerta em relação ao uso que fazem das teorias em suas aulas e dos modelos que seguem, questionando-se sempre sobre o que está sendo feito. Caso contrário, o professor acaba por representar o que de pior o ensino tem a oferecer, não interagindo com os estudantes, apenas transmitindo conteúdos para a "domesticação", parafraseando o que Freire (1997) denomina de *educação bancária*, ou seja, "depósito" ou "transferência" de conteúdos. Nessa perspectiva, a instituição escolar, em vez de ajudar no desenvolvimento de alunos críticos e autônomos, apenas automatiza o processo de ensino, fragmentando o processo educacional e desmotivando os estudantes, já que desconsidera seus interesses, sua maneira de aprender e pensar e também seu contexto social e histórico. Nas palavras de Freire (2007a, p. 105): "a educação para a domesticação é um ato de transferência de 'conhecimento'".

Nesse sentido, acreditamos que as questões vitais sobre as quais é imprescindível refletir, "Quem queremos formar?", "Para que queremos formar?", "A favor de que nós formamos?" e "Contra o que nós formamos?", devem sempre nortear qualquer trabalho de formação docente.

A seguir, no próximo capítulo, estudaremos o interacionismo, ou sociointeracionismo, o qual se propõe a superar a dicotomia das posições anteriores, ou seja, não é só de fora para dentro que se aprende, assim como também não é válida a ideia de que a capacidade de aprender é inata. Para os autores dessa corrente, há uma interdependência entre organismo e ambiente, isto é, o sujeito aprende à medida que se relaciona com o meio sociocultural em que vive, num processo dialético e contínuo de transformação e desenvolvimento.

Síntese

Neste capítulo, estudamos algumas questões importantes sobre a aprendizagem humana, a qual ocorre durante toda a vida, como um processo contínuo e dinâmico de interações entre o indivíduo e o meio sociocultural e histórico em que ele vive. Também explicitamos que é por meio da aprendizagem que o indivíduo se apropria de algo novo, **apreende** um novo conhecimento, de modo que esse conhecimento passa a fazer parte dele. Assim, chegamos à conclusão de que, além da aprendizagem ser muito importante para cada pessoa individualmente, é de grande relevância para a humanidade, pois é por meio dela que as novas gerações se apropriam de saberes já dominados pela cultura.

Destacamos ainda, nesse contexto, o importante papel da escola e do professor na formação do ser humano, tendo na educação o apoio crucial para cumprir sua tarefa na criação de um mundo melhor, com cidadãos mais bem preparados para enfrentar os desafios da vida.

Também abordamos a relação de ensino-aprendizagem no ensino superior, apresentando uma síntese de algumas concepções de desenvolvimento que repercutem na educação atualmente, a saber: o inatismo, a psicanálise de Freud e o behaviorismo de Skinner. Na concepção inatista, enfatiza-se a importância atribuída ao biológico (hereditariedade) como fator preponderante para o desenvolvimento e as aprendizagens humanos. Em seguida, trouxemos as contribuições de Freud para a educação, dando ênfase aos conceitos psicanalíticos de "desejo de aprender" e "transferência", fundamentais para nossas reflexões sobre o processo de ensino-aprendizagem. Na linha de pensamento denominada *behaviorista*, oposta à primeira, destaca-se a importância do ambiente (meio) como chave do conhecimento, que vem de fora para dentro, e a importante contribuição de Skinner para a educação, ao analisar o papel crucial do professor no planejamento do processo de ensino-aprendizagem.

Indicações culturais

Filmes

B. F. SKINNER. Direção: Régis Horta. Brasil: Paulus, 2007. 40 min. (Coleção Grandes Educadores).

> *Documentário apresentado pela professora Maria Martha Costa Hübner, que retrata a vida e a obra de Skinner, de forma clara e objetiva.*

FREUD além da alma. Direção: John Huston. EUA, 1962. 140 min.

O filme apresenta as descobertas teóricas revolucionárias de Freud em articulação com alguns acontecimentos da sua vida, mostrando os conflitos vividos pelo psicanalista em Viena no início de sua carreira (século XX).

Atividades de Autoavaliação

1. Assinale (V) para as afirmações verdadeiras e (F) para as falsas:
   ( ) A aprendizagem é um processo contínuo e dinâmico que ocorre durante toda a vida do ser humano.
   ( ) É por meio da aprendizagem que o indivíduo se apropria de algo novo, **apreende** um novo conhecimento, de modo que esse conhecimento passa a fazer parte dele.
   ( ) Para que o ser humano aprenda, é necessário que ele interaja com os outros seres humanos.
   ( ) O processo de aprendizagem acontece com todos nós e as formas de aprender são idênticas para todas as pessoas.

2. Assinale a alternativa que explica corretamente a diferença entre aprendizagem do dia a dia (informal) e aprendizagem sistematizada (formal):
   a) A aprendizagem do dia a dia se refere apenas a valores e procedimentos, jamais a conceitos.
   b) A aprendizagem do dia a dia acontece de maneira natural, sem ser programada, e a sistematizada deve ser planejada, com objetivos claros.

c) A aprendizagem sistematizada se baseia no senso comum e a do dia a dia está baseada na ciência.
d) Não há diferença significativa entre essas duas formas de aprendizagem.

3. Há várias concepções de aprendizagem, sendo o inatismo uma delas. Para essa linha:
   a) O sujeito aprende por meio da absorção passiva de conteúdos transmitidos pelo professor.
   b) O sujeito só aprende na interação com o meio, numa ação planejada e científica.
   c) A aprendizagem se dá de fora para dentro, sendo necessário o uso de reforço positivo e negativo.
   d) A aprendizagem se dá quando o professor atua em parceria com o aluno.

4. No que se refere ao interacionismo, assinale com (V) as afirmações verdadeiras e com (F) as falsas:
   ( ) Há uma interdependência entre organismo e ambiente, ou seja, o sujeito aprende à medida que se relaciona com o meio sociocultural em que vive.
   ( ) Só é possível "conhecer" por meio da interação com o ambiente, num processo de trocas entre o sujeito e o meio.
   ( ) Todo conhecimento vem de fora para dentro, e o reforço é essencial.
   ( ) O professor é o sujeito que domina os saberes e os "ensina", "transfere" para o aluno, que simplesmente os absorve.

5. Assinale com (V) as afirmações corretas e com (F) as falsas, de acordo com o conteúdo geral abordado no Capítulo 1:
   - ( ) O "pensar para fazer" gera a mecanização, a reprodução sem reflexão, causando a alienação do estudante.
   - ( ) Segundo Freire, um profissional alienado é um ser autêntico.
   - ( ) Freire denomina de *educação bancária*, ou seja, "depósito" ou "transferência" de conteúdos, o tipo de educação que apenas transmite conteúdos para a "domesticação" do aluno.
   - ( ) As questões "Quem queremos formar?", "Para que queremos formar?", "A favor de que nós formamos?" e "Contra o que nós formamos?" devem sempre nortear qualquer trabalho de formação docente.

Atividades de Aprendizagem

Questões para Reflexão

1. Produza uma síntese pessoal sobre os seguintes conceitos psicanalíticos de Freud (ilustre com exemplos da sua própria vivência escolar):
   - ~ transferência;
   - ~ desejo de aprender.

2. Produza uma síntese pessoal sobre os pontos positivos e os negativos da teoria behaviorista para a educação.

Atividade Aplicada: Prática

1. Relembre sua trajetória até a pós-graduação e relate uma situação na qual você se sentiu muito motivado pelo(a) professor(a) para aprender e explique por que, em sua opinião, isso aconteceu. Fundamente sua resposta na teoria estudada neste capítulo.

Capítulo 2

As teorias abordadas neste capítulo fundamentam-se em pressupostos interacionistas ou sociointeracionistas*, cujo eixo central é a relação entre o indivíduo e o meio sociocultural. Na primeira delas, denominada *epistemologia genética*, trazemos algumas contribuições de Piaget; em seguida, destacamos alguns pontos da teoria sócio-histórica de Vygotsky, sempre com o olhar voltado para o nosso foco central: o processo de ensino-aprendizagem do aluno adulto no ensino superior e suas implicações para a prática docente.

* A denominação *interacionista* ou *sociointeracionista* não é unânime entre os pesquisadores que se dedicam aos estudos das obras de Piaget e Vygotsky, porém não entraremos nessa discussão, por considerá-la desnecessária neste momento. Dessa forma, utilizaremos essa denominação para nos referirmos às linhas de pensamento que influenciam a perspectiva do "aprender" por meio da interação do sujeito com o meio sócio-histórico-cultural.

A psicologia do desenvolvimento e a aprendizagem: concepções contemporâneas

Neste momento, é necessário aprofundarmos nossos estudos em dois autores – Piaget e Vygotsky – que influenciaram os processos de ensino-aprendizagem no Brasil e que permanecem, atualmente, como alguns dos teóricos de maior destaque na educação brasileira.

Podemos dizer que as concepções desses autores avançam em relação às posições anteriores (inatismo e behaviorismo) justamente porque, para essas correntes, ainda que de formas diferentes, há uma interdependência entre o sujeito e seu meio sociocultural.

2.1 A epistemologia genética de Jean Piaget e a aprendizagem

Jean Piaget nasceu em 9 de agosto de 1896, em Neuchâtel, Suíça, filho de um meticuloso e crítico estudioso de história medieval e de uma devota religiosa. Em 1915, Piaget licenciou-se em Ciências Naturais e, em 1918, fez sua tese de doutoramento na área de Biologia, ocasião em que entrou em contato com as discussões da teoria da evolução de Darwin. Além de biologia, ele se interessou também por religião, sociologia, psicologia e filosofia. Piaget estudou o desenvolvimento cognitivo de seus filhos e foi com base nessas observações que escreveu seus livros sobre o desenvolvimento da inteligência na primeira infância (Costa, 2003).

A epistemologia genética de Piaget tem como foco principal o sujeito epistêmico, ou seja, o sujeito que constrói conhecimentos. Ao refletir sobre esse processo no decorrer do desenvolvimento humano, Piaget parte da relação entre o sujeito e o objeto (meio físico e social), postulando que estes estabelecem contínuas relações entre si, em que um constitui o outro mutuamente.

Na epistemologia genética, Piaget aborda o processo de construção do conhecimento pelo sujeito, do nascimento até a idade adulta; contudo, seu enfoque principal é no desenvolvimento infantil. Como o nosso foco, nesta obra, é a aprendizagem do aluno adulto, deteremo-nos apenas em algumas questões e conceitos piagetianos, relevantes para entendermos o processo de construção do conhecimento na educação de alunos adultos.

Segundo Stoltz (2001, p. 6), "a partir da perspectiva piagetiana vemos a discussão da construção do conhecimento enfatizando cada vez mais o papel das interações sociais em seu processo". Nesse sentido, continua a autora, "Piaget aborda a importância das transmissões e interações como um dos fatores indispensáveis, essenciais da construção da inteligência do ser humano, juntamente com a maturação orgânica, a experiência física e o processo de equilibração".

Dessa forma, para Piaget, a adaptação do homem ao meio se dá por meio de constantes processos de equilibração. Por meio de uma situação problema, ocorre o desequilíbrio (ou desadaptação), o qual mobiliza uma necessidade, uma ação do sujeito. Diante dessa situação, entram em ação dois mecanismos que contribuirão para que as estruturas do sujeito se desenvolvam e voltem a se equilibrar: a assimilação e a acomodação.

O primeiro desses conceitos, a **assimilação**, é definida por Piaget (citado por Costa, 2003, p. 13)) como "uma estruturação por incorporação da realidade exterior a formas devidas à atividade do sujeito"; explicando, podemos dizer que é a tentativa do sujeito de resolver uma situação problema por meio dos esquemas que já construiu até o momento, não implicando, portanto, nenhuma mudança em sua estrutura cognitiva. Já a **acomodação** (também citado por Costa, 2003, p. 13), "é a combinação de esquemas ou modificação de esquemas para resolver problemas que venham de experiências novas dentro do ambiente", ou seja, é a necessidade de o sujeito se modificar para superar a situação-problema. A modificação dessa estrutura cognitiva consiste na criação de um novo esquema ou transformação dos esquemas já adquiridos. Assim, por meio da acomodação, o sujeito é capaz de solucionar o problema, retomando o equilíbrio perdido e se reequilibrando. Esse novo equilíbrio é maior e superior ao anterior, portanto, por meio desse processo o sujeito se desenvolve cognitivamente e aprende algo novo.

Outro conceito importante na teoria piagetiana é o de **adaptação**. Esta é definida como um momento de equilíbrio nas trocas do sujeito com os meios físico e social. Esse equilíbrio é sempre instável, posto que surgem novos desafios na interação entre sujeito, meio físico e meio sociocultural. Por conseguinte, diante de uma situação de desafio, o equilíbrio é perdido e, com isso, o sujeito entra em uma situação de desequilíbrio (ou desadaptação). Para recuperar o equilíbrio perdido, ele precisará mobilizar os dois mecanismos estudados anteriormente, a assimilação e a acomodação. Nas palavras de Piaget (2006, p. 156-157), "a adaptação é um equilíbrio – equilíbrio cuja conquista dura toda a infância e adolescência e define a estruturação própria desses períodos da existência – entre dois mecanismos indissociáveis: assimilação e acomodação".

Segundo esse autor,

> a adaptação intelectual é, então, o equilíbrio entre a assimilação da experiência às estruturas (mentais) dedutivas e a acomodação dessas estruturas aos dados da experiência. De uma maneira geral, a adaptação supõe uma interação tal entre o sujeito e o objeto, que o primeiro possa incorporar a si o segundo levando em conta as suas particularidades; a adaptação é tanto maior quanto forem melhor diferenciadas e mais complementares essa assimilação e essa acomodação. (Piaget, 2006, p. 157)

A interação entre esses dois mecanismos promove a modificação e/ou criação de novos esquemas mentais, os quais permitirão uma condição maior e melhor para o sujeito interagir com o mundo e, consequentemente, adquirir novos **conhecimentos**, por meio do que Piaget denomina de *adaptação intelectual*.

2.1.1 O desenvolvimento da inteligência na criança, no adolescente e no adulto

Para Piaget, o desenvolvimento da inteligência no sujeito está organizado basicamente em quatro grandes estruturas de pensamento: o **estágio sensório-motor** (de zero até aproximadamente dois anos); o **estágio pré-operatório** (de aproximadamente dois a até mais ou menos sete anos); o **estágio operacional concreto** (de aproximadamente sete a onze, doze anos) e o **estágio operacional formal** (de aproximadamente doze anos em diante). Cada um desses estágios é marcado por grandes conquistas e também por algumas lacunas; contudo, como o nosso foco de estudo é o ensino superior, vamos nos deter ao último deles, o estágio de operações formais, por ser nessa fase de transição entre o adolescente e o adulto que as estruturas do pensamento do aluno adulto iniciam seu desenvolvimento. A seguir, apresentaremos as principais características desses estágios.

O primeiro deles, denominado de *estágio sensório-motor*, tem início com a criança utilizando as percepções e o movimento, caracterizando-se pela inteligência **sensoriomotriz**. Essa inteligência é inteiramente prática, porque a criança ainda não é capaz de representação de pensamento. Contudo, segundo Rappaport (1981, p. 67), esse período é, sem dúvida, o mais complexo no tocante ao desenvolvimento, pois:

> *nele irá ocorrer a organização psicológica básica em todos os aspectos (perceptivo, motor, intelectual, afetivo e social). Do ponto de vista do autoconhecimento, o bebê irá explorar seu próprio corpo, conhecer os seus vários componentes, sentir emoções, estimular o ambiente social e ser por ele estimulado, e assim irá desenvolver a base do seu autoconceito. Este autoconceito estará alicerçado no esquema corporal, isto é, na ideia que a criança forma de seu próprio corpo.*

O **estágio pré-operatório** é marcado pela formação da função simbólica, permitindo à criança representar os acontecimentos e os objetos ausentes, invocado-os por meio da função simbólica (jogo, imitação, desenho etc.). Há, nessa fase, a impossibilidade de considerar o outro e as suas opiniões, incluindo aí normas sociais e morais, bem como suas razões de ser, denominada de *egocentrismo*.

No **estágio operacional concreto**, a criança realiza no plano mental uma ação que antes só conseguia realizar no nível motor, mas ainda se apoia nos objetos e nas situações concretas. Em outras palavras, ela ainda não é capaz de abstrair, mas já é capaz de compreender o ponto de vista de outra pessoa e de conceitualizar algumas relações. Tornando-se menos egocêntrica, inicia uma efetiva interação com seus pares. Nesse período, assiste-se à formação das operações de reversibilidade e a noção de conservação e de invariância.

Já no **estágio operacional formal**, o adolescente construirá o pensamento hipotético-dedutivo, a forma mais elevada de pensar e de lidar com os problemas, e poderá generalizar e construir princípios abstratos. É na adolescência que o sujeito concretizará a personalidade, por meio da elaboração de um "projeto de vida", o qual cumpre dupla função: disciplinar a vontade e servir como instrumento de cooperação para o desenvolvimento humano. De posse das operações formais, o sujeito utiliza a reciprocidade e a equidade para realizar julgamentos.

Segundo Piaget (2006, p. 41), nessa etapa do desenvolvimento, "cujo ponto de equilíbrio se situa ao nível da adolescência",

> Seu caráter geral e a conquista de um novo modo de raciocínio, que não incide exclusivamente sobre os objetos ou as realidades diretamente representáveis mas também sobre as "hipóteses", isto é, sobre as proposições de que é possível tirar as necessárias consequências sem decidir de sua verdade ou falsidade antes de ter examinado o resultado dessas implicações. Assiste-se, pois, à formação de novas operações, chamadas "proporcionais", em mais operações concretas: implicações ("se... então"), disjunções ("ou... ou"), incompatibilidades, conjunções etc.

Esse autor afirma que "o adulto tem necessidade de razão" (Piaget, 2006, p. 156), ou seja, de raciocínio lógico. Por conseguinte, esse último estágio do desenvolvimento da inteligência do sujeito marca a transição entre a infância e a vida adulta, na qual se dá um enorme salto no processo de conhecimento, desde o sensório-motor até o pensamento racional. Por tal motivo, essa fase exige apoio e acompanhamento dos pais, dos professores e dos responsáveis, devido ao enorme contingente de mudanças, desafios e experiências novas pelas quais passará o adolescente. Após essa fase, o jovem poderá (ou não) se tornar um adulto capaz de **assimilar** e **acomodar** conhecimentos novos, para, em seguida, **adaptar-se** à educação universitária de maneira adequada.

A teoria de Piaget não é um método, ou uma teoria, a ser seguido em sala de aula; suas descobertas acerca do desenvolvimento humano auxiliam o professor na compreensão do desenvolvimento de seus alunos e, com base nisso, possibilitam que ele planeje atividades adequadas ao respectivo estágio dos estudantes, procurando sempre levá-los do equilíbrio ao desequilíbrio e novamente ao equilíbrio, produzindo progressos cognitivos por meio dos desafios e das situações-problema elaborados pelo docente, os quais irão modificar a estrutura do pensamento de cada aluno, proporcionando um crescimento cognitivo cada vez mais elevado.

2.1.2 Problemas centrais no processo de ensino-aprendizagem

Em sua obra *Psicologia e pedagogia*, Piaget (2006, p. 20) levanta três problemas centrais no ensino, sobre os quais gostaríamos de refletir brevemente, pois, apesar de estarem longe de ter solução, só podem, segundo o autor, ser resolvidos com a colaboração dos professores:

> 1) *Qual o objetivo desse ensino? Acumular conhecimentos úteis? (Mas em que sentido são úteis?) Aprender a aprender? Aprender a inovar, a produzir o novo em qualquer campo tanto quanto no saber? Aprender a controlar, a verificar ou simplesmente a repetir? etc.*
>
> 2) *Escolhidos esses objetivos (por quem ou com o consentimento de quem?), resta ainda determinar quais são os ramos [...] necessários, indiferentes ou contraindicados para atingi-los: os da cultura, os do raciocínio e, sobretudo [...], os ramos da experimentação, formadores de um espírito de descoberta e de controle ativo?*

3) *Escolhidos os ramos, resta afinal conhecer suficientemente as leis do desenvolvimento mental para encontrar os métodos mais adequados ao tipo de formação educativa desejada.*

Essas questões conduzem-nos a uma reflexão crucial em relação ao ensino-aprendizagem de adultos no ensino superior, pois corroboram com as nossas colocações e intenções nesta obra e podem ser sinteticamente traduzidas nas questões já mostradas no fim do Capítulo 1: "Quem queremos formar?", "Para que queremos formar?", "A favor de que nós formamos?" e "Contra o que nós formamos?", ou seja, "Qual a finalidade da educação?".

De acordo com Stoltz (2001), o desenvolvimento da autonomia é a finalidade da educação para Piaget. Contudo, é evidente que esse dado tem passado despercebido, pois a educação tem sido naturalizada, como se toda a educação fosse algo positivo. Por isso, é preciso considerar que na educação, dentro de uma sociedade, existem, permanentemente, conflitos de interesses: eu quero uma educação, você quer outra, o outro quer outra, os empresários querem uma educação para o trabalho, outros querem uma educação para consumir, outros querem educação para serem críticos e conscientes, outros querem uma educação religiosa etc., assim temos vários projetos educacionais em conflito na sociedade. Esses diferentes "quereres" representam visões distintas de sociedade e de projeto futuro para a humanidade e podem não estar necessariamente interessados na finalidade (**desenvolvimento da autonomia**) proposta por Piaget.

Em geral, esse problema tem ficado fora dos "muros" acadêmicos. Isso tem gerado processos educacionais ideológicos que ocultam a contribuição das instituições de ensino e dos professores com o processo de ensino-aprendizagem de indivíduos autônomos.

Por outro lado, à medida que essa ação pedagógica se aliar à consciência crítica, os instrumentos didático-pedagógicos serão realmente atos de transformação social, engajados num projeto maior de educação e de valorização do trabalho docente e da instituição escolar em qualquer nível. Só por meio desse viés crítico se desvelará a ingenuidade no processo educativo e se poderá "ad-mirar"* novos horizontes e possibilidades de ser e estar na educação, na instituição escolar e na sociedade.

Aqui, fazemos nossas as palavras de Freire (2007b, p. 44):

Para o ponto de vista crítico que aqui defendemos, a operação de mirar implica outra – a de "ad-mirar". Ad-miramos e ao adentrar-nos no ad-mirado o miramos de dentro e desde dentro, o que nos faz ver. Na ingenuidade, que é uma forma desarmada de enfrentamento com a realidade, miramos apenas e, porque não ad-miramos, não podemos mirar o mirado em sua intimidade, o que não nos leva a ver o que foi puramente mirado.

Portanto, o maior desafio para o professor em sua prática profissional no ensino superior é mirar e "ad-mirar" criticamente seu trabalho vinculado a uma finalidade, já que "faz parte de sua tarefa docente não apenas ensinar conteúdos, mas também ensinar a pensar" (Freire, 1997, p. 26-27).

Por outro lado, a dificuldade em ultrapassar o discurso e vinculá-lo a uma prática cotidiana é, a nosso ver, o grande desafio deste século e exige que o professor transforme e reelabore sua própria ação docente, em função dos fins a que se propõe em seu discurso. O desafio existe porque se pode ensinar de várias formas, mas essas formas de ensinar são mais ou menos adequadas a determinados fins sociais, os quais precisam estar claros aos docentes, assim como sua posição e sua contribuição para com esses fins, especialmente no caso da aprendizagem de alunos adultos.

* Termo cunhado por Freire, 2007b, p. 43.

2.2 A teoria sócio-histórica de Lev Semenovich Vygotsky

Vygotsky, professor e pesquisador, foi contemporâneo de Piaget, nasceu em 1896 na cidade de Orsha, Bielorússia, e faleceu prematuramente em 1934, na cidade de Moscou, vítima de tuberculose. Sua família era de origem judaica, estável economicamente e propiciava-lhe um ambiente intelectual muito favorável. Sua mãe era professora e incentivava-o a leitura de romances, críticas de arte, filosofia, entre outras áreas do conhecimento. Vygotsky possuía uma grande capacidade intelectual e aos 17 anos, apesar das restrições preconceituosas impostas aos judeus para frequentarem a universidade, conseguiu se formar em Direito. O acesso à universidade favoreceu o contato com intelectuais e estudos sobre filosofia e economia política. Estudou autores como Spinoza, Marx e Engels, os quais marcaram suas ideias e trajetória.

Vygotsky buscava a compreensão do desenvolvimento dos processos psicológicos, os quais se dividem em: elementares (reações automáticas, ações reflexas e associações simples – origem biológica) e funções psicológicas superiores (capacidade de planejamento, memória e imaginação).

De acordo com Vygotsky, citado por Rego (1995, p. 39), os **processos psicológicos superiores** "não são inatos, eles se originam nas relações entre indivíduos humanos e se desenvolvem ao longo do processo de internalização de formas culturais de comportamento. Diferem, portanto, dos **processos psicológicos elementares** (presentes na criança pequena e nos animais)". Dessa forma, Vygotsky "se dedicou ao estudo das chamadas funções psicológicas superiores, que consistem no modo de funcionamento tipicamente humano". Tais processos constituem o ser humano ao longo de sua história, enquanto espécie humana e como história individual. De acordo com Luria, também citado por Rego

(1995, p. 41), "as funções psicológicas superiores do ser humano surgem na interação dos fatores biológicos, que são parte da constituição física do *Homo sapiens*, com os fatores culturais, que evoluíram através das dezenas de milhares de anos de história humana".

Segundo as ideias de Vygotsky, o ser humano deve ser considerado sob várias óticas:

~ **Filogênese** – O ser humano como espécie (aspectos biológicos da espécie).

~ **Sociogênese** – O ser humano em agrupamentos coletivos (convivência com outros seres humanos), sociais em torno de uma atividade (trabalho) que permita a sobrevivência da própria espécie e do próprio sujeito enquanto ser. Dessa organização social do trabalho surge a linguagem.

~ **Ontogênese** – O ser humano como ser individual – ela qualifica o sujeito, interpreta esse sujeito e seu contexto histórico e sociocultural.

~ **Microgênese** – Refere-se ao que será observado nesse sujeito (o ser humano).

Conforme Rego (1995), nessa concepção histórico-cultural o ser humano só se constitui ser humano na convivência, na interação com o outro (ser humano), ou seja, o ser humano interagindo com o meio físico e o meio social. Para atuar no meio físico, o ser humano necessita de mediadores, os instrumentos, que geram os produtos do trabalho humano e, consequentemente, modificam a natureza, pois deve haver uma organização social. Para atuar no meio social, o ser humano também necessita de instrumentos, os quais modificam o próprio ser humano; esses instrumentos são os signos e simbolizam tudo o que pode ter significado. Exemplos: sistema numérico, arte, escrita, linguagem, entre outros.

Assim, "a relação do homem com o mundo não é uma relação direta, pois é mediada por meios, que se constituem nas 'ferramentas auxiliares' da constituição humana. Essa capacidade de criar essas 'ferramentas' é exclusiva da espécie humana" (Rego, 1995, p. 42-43). Essas "ferramentas" são o **trabalho social**, o **emprego de instrumentos** e a **linguagem**, "que foram construídas e aperfeiçoadas pela humanidade ao longo de sua história e fazem a mediação entre o homem e o mundo: através delas, o homem não só domina o meio ambiente como o seu próprio comportamento" (Rego, 1995, p. 49).

Neste ponto, destacamos o conceito de **mediação**, o qual será retomado no capítulo 5, quando especificaremos o **processo de mediação**, realizado pelo professor, entre o estudante e o conhecimento.

Segundo Rego (1995, p. 50), "compreender a questão da mediação, que caracteriza a relação do homem com o mundo e com outros homens, é de fundamental importância justamente porque é através deste processo que as funções psicológicas superiores, especificamente humanas, se desenvolvem".

Para Vygotsky, o desenvolvimento humano é marcado pela estrutura biológica, que envolve maturação do organismo individual e que é responsável pelos processos psicológicos elementares – de origem biológica – no início da vida da criança e pelo contexto sociocultural, ou seja, a interação do indivíduo com o outro. Por isso, a experiência humana nunca é imediata, ela sempre passa pelo outro e, dessa forma, depende da mediação. Por meio da interação entre o aluno e o professor, por exemplo, acontece o aprendizado, o qual promove o desenvolvimento do aluno e constitui os seus processos psicológicos superiores – pensamento abstrato, capacidade de planejamento, raciocínio dedutivo, controle consciente do comportamento, entre outros.

Nessa perspectiva, estamos constantemente em um processo de interiorização (apropriação) e exteriorização (objetivação) dos conhecimentos, sem que haja uma dicotomia entre os dois processos. Sendo assim, constituímos as nossas formas de pensar, de sentir e de agir nas relações com os outros, interiorizando as vivências e exteriorizando as emoções, os sentimentos e os pensamentos.

2.2.1 A zona de desenvolvimento proximal: interação entre aprendizado e desenvolvimento

Para Vygotsky, o desenvolvimento real refere-se àquilo que o sujeito é capaz de fazer sozinho, de maneira independente; já o desenvolvimento potencial é aquilo que ele é capaz de fazer somente com a ajuda (mediação) do outro (no caso do ensino superior, o professor ou os próprios colegas). Entre ambos está a zona de desenvolvimento potencial ou proximal (ZDP), que se refere à distância entre o desenvolvimento real e o potencial, o caminho que a criança, o jovem ou o adulto vai percorrer para desenvolver funções que estão amadurecendo e que serão consolidadas. Vale lembrar que essa é uma via de mão dupla, sendo que todas as pessoas que estão na interação possuem a ZDP.

A ZDP está em constante transformação, é por isso que, referindo-se ao aprendizado escolar, Vygotsky enfatiza que o bom ensino deve ser bem planejado e se adiantar ao desenvolvimento.

Dessa forma, para esse pensador, citado por Rego (1995, p. 71), é o aprendizado que possibilita o processo de desenvolvimento, pois "o aprendizado pressupõe uma natureza social específica e um processo através do qual as crianças (as pessoas) penetram na vida intelectual daqueles que as cercam". Por isso, Rego (1995, p. 71) afirma que "o aprendizado é o aspecto necessário e universal, uma espécie de garantia do desenvolvimento das características psicológicas especificamente humanas e culturalmente organizadas". Assim, "o aprendizado de modo geral e o aprendizado escolar em particular, não só possibilitam como orientam e estimulam processos de desenvolvimento" (Rego, 1995, p. 75) do sistema nervoso central.

Logo, o objeto de análise da psicologia é o significado do que pensamos traduzido pela **palavra**, que é um sistema organizado não só para socializar o pensamento, mas também para estabelecer comunicação entre os indivíduos, compartilhar significados de determinado grupo cultural, perceber e interpretar objetos e acontecimentos do meio que nos cerca, permitindo a nossa constituição como humanos.

Rego (1995, p. 71-72) salienta, ainda, que "é justamente por isso que as relações entre desenvolvimento e aprendizagem ocupam lugar de destaque na obra de Vygotsky". Aqui, é importante destacar que, para esse pesquisador, não existe aprendizagem sem ensino, visto que esses processos não podem ser tratados separadamente, pois são interdependentes e estão inter-relacionados.

É válido acrescentarmos ainda que, na interação professor-alunos, tanto a ZDP do docente quanto a dos estudantes são atingidas no processo de construção do conhecimento, seja na educação básica, seja no ensino médio ou na educação superior.

2.2.2 Pensamento e linguagem

Vygotsky dedicou muitos anos de sua vida ao estudo das relações entre pensamento e linguagem, verificando que a conquista da linguagem é um dos marcos do desenvolvimento do homem e, com o pensamento, constitui o modo de funcionamento psicológico mais sofisticado, tipicamente humano.

O desenvolvimento da linguagem surge por meio da necessidade de comunicação, ou seja, é pela fala que o bebê começa a se inserir no contexto social. À medida que a criança começa a interagir com os adultos, estes, por já dominarem a linguagem, passam a significar gestos, expressões e sons da criança, inserindo-a no mundo simbólico de sua cultura. Dessa forma, a criança aprende a utilizar a linguagem como instrumento do seu pensamento e como meio de comunicação. Assim, seu desenvolvimento se dá do meio social para o individual, ou seja, quanto mais aprendizagem, mais desenvolvimento.

Podemos comparar Piaget a Vygotsky, pois, diferentemente deste, aquele enxerga o desenvolvimento do individual para o social e no mesmo sentido se daria o desenvolvimento da linguagem, a qual inicialmente seria interna, numa segunda etapa egocêntrica e, por último, a fala social, o que ocorreria por etapas com início e fim definidos, ou seja, uma fase some e surge outra automaticamente. Já para Vygotsky, ao contrário de Piaget, como o desenvolvimento do ser humano acontece do social para o individual, ocorre o mesmo com a linguagem, que inicialmente é social, depois se torna egocêntrica para, finalmente, tornar-se fala interna. A fala egocêntrica, portanto, é o estágio de transição da fala socializada para a fala interna, pois já tem a função de discurso interno, mas ainda na forma de fala socializada, externa.

A fala externa é utilizada como meio de comunicação para a resolução de um problema. Por meio dela a criança pede a um adulto para resolver um problema; por exemplo, pegar sua chupeta. Essa fala ainda não é utilizada como instrumento do pensamento, pois não é utilizada como planejamento de ações.

A fala egocêntrica, por sua vez, já começa a ter a característica de planejamento de ação para resolução de um problema quando a criança fala para si mesma durante a execução da ação planejada, ou seja, ela dialoga consigo antes ou ao longo da execução da atividade planejada. Já na fala internalizada, a criança planeja a solução do problema sem vocalização, sem precisar falar alto.

No processo de transição para a fala interna, a criança primeiramente vai se livrar do nível fonético, posteriormente, do nível sintático e, por fim, fica com o predicado, o nível semântico, do significado. A fala vai se quebrando e se tornando uma fala interna, com função de planejar as ações e regular as condutas. É nessa condição de fala interna que ela se cruza com o pensamento, que se transforma em pensamento verbal.

Dessa forma, o pensamento se expressa em palavras e estas vão mudando o curso do pensamento (que se transforma). A palavra vai do específico para o global, e o pensamento vai do global para o específico. Além disso no desenvolvimento, o pensamento vai se ampliando.

No que diz respeito à aquisição da linguagem escrita, a criança inicialmente começa a perceber que ela pode desenhar a fala e é nesse momento que ela compreende que pode escrever. Nessa fase, a escrita se dá de uma forma bastante literal, pautando-se exclusivamente no som, sendo um segundo sistema de sinais. Depois que ela perde essa questão da oralidade, o primeiro sistema de sinais se dá pelo uso de um referente: aquele que substitui, que representa o objeto real.

2.2.3 O papel do ensino superior no processo de construção do conhecimento

De acordo com Rego (1995, p. 75), o processo de construção do conhecimento

> *é um tema de extrema importância nas proposições de Vygotsky, pois integra e sintetiza suas principais teses acerca do desenvolvimento humano: as relações entre pensamento e linguagem, o papel mediador da cultura na constituição do modo de funcionamento psicológico do indivíduo e o processo de internalização de conhecimentos e significados elaborados socialmente.*

Para explicar esse processo, Vygotsky divide o conhecimento em dois tipos: o construído na experiência pessoal, concreta e cotidiana (conceito construído por meio da observação, da manipulação e da vivência), e o elaborado na sala de aula, denominado *conceito científico* (conhecimento sistematizado, adquirido nas interações escolares).

Esses dois conceitos estão intimamente relacionados na construção do conhecimento. Esse processo de formação de conceitos é longo e complexo e não pode ser adquirido por meio da mera repetição, já que "envolve operações intelectuais dirigidas pelo uso da palavra (tais como: atenção deliberada, memória lógica, abstração, capacidade para comparar e diferenciar)" (Rego, 1995, p. 78).

As atividades intelectuais típicas do aluno adulto (pensamento conceitual) estão presentes no pensamento da criança, porém só irão se desenvolver a partir da adolescência, já que, segundo Vygotsky, citado por Rego (1995, p. 79), "o desenvolvimento dos processos, que finalmente resultam na formação de conceitos, começa na fase mais precoce da infância, mas as funções intelectuais que, como combinação específica, formam a base psicológica do processo de formação de conceitos amadurece, se configura e se desenvolve somente na puberdade".

Contudo, Vygotsky, ainda de acordo com Rego (1995, p. 79), ressalta que "se o meio ambiente não desafiar, exigir e estimular o intelecto do adolescente, esse processo poderá se atrasar ou mesmo não se completar, ou seja, poderá não chegar a conquistar estágios mais elevados de raciocínio". Pois, para ele,

> *embora os conceitos não sejam assimilados prontos, o ensino escolar desempenha um papel importante na formação dos conceitos de um modo geral e dos científicos em particular, [...] possibilita que o indivíduo tenha acesso ao conhecimento cientificamente construído e acumulado pela humanidade, [...] permite ainda que [...] se conscientizem dos seus próprios processos mentais – processo metacognitivo.* (Vygotsky, citado por Rego, 1995, p. 79) *

---

*   Obs.: retomaremos esse conceito nos capítulos 3 e 4.

Vygotsky morreu prematuramente, aos 38 anos, por tal motivo não teve tempo de desenvolver sua teoria, como fez Piaget. Porém, produziu muito e intensamente, tendo lançado bases para novos estudos. Sua obra, por apresentar lacunas, tem instigado pesquisadores e estudiosos em todo o mundo, inclusive no Brasil.

Síntese

As teorias abordadas neste capítulo fundamentam-se em pressupostos interacionistas, cujo eixo central é a interação organismo-meio. Na primeira delas, denominada *epistemologia genética*, Piaget elabora uma teoria com ênfase na ação do sujeito sobre o mundo. Esse biólogo estudou o processo de construção de conhecimento pelo sujeito, do nascimento à idade adulta. De acordo com essa teoria, o desenvolvimento da inteligência está organizado em quatro estruturas de pensamento: o estágio sensório-motor (zero a aproximadamente dois anos) e o estágio pré-operatório (aproximadamente de dois a mais ou menos sete anos), o estágio operacional concreto (aproximadamente dos sete aos onze, doze anos) e o estágio operacional formal (em torno de doze anos em diante). Ressaltamos que esse quarto e último período representa a passagem de transição entre a criança e o adulto, situando os conceitos necessários para a compreensão da aprendizagem do adulto, em seu processo de desenvolvimento das estruturas psíquicas.

Na segunda concepção, elaborada por Vygotsky, estudamos alguns conceitos-chave da sua teoria: a gênese humana, a mediação simbólica, a relação pensamento-linguagem e a zona de desenvolvimento proximal. Ressaltamos a importância de interpretar o conhecimento que o aluno já possui e o que ele necessita aprender, reconhecer as possibilidades da sala de aula como espaço de interação social e aprendizado e a função mediadora do professor nas situações de ensino-aprendizagem. Compreendemos também a relação existente entre desenvolvimento e aprendizado e a relevância das ideias desse autor para a educação de adultos.

Indicações culturais

Documentários

JEAN PIAGET. Direção: Régis Horta. Brasil: Paulus, 2006. 57 min. (Coleção Grandes Educadores).

> *Esse documentário apresentado pelo professor Yves de La Taille, da Universidade de São Paulo – USP, discute, de forma bastante clara e didática, os principais conceitos da teoria piagetiana e sua obra.*

LEV VYGOTSKY. Direção: Régis Horta. Brasil: Paulus, 2006. 45 min. (Coleção Grandes Educadores).

> *Documentário apresentado pela professora Marta Kohl, da USP, retrata a vida e a obra de Vygotsky com base nos principais conceitos do seu pensamento.*

Atividades de Autoavaliação

1. A epistemologia genética de Piaget apresenta o desenvolvimento da inteligência organizado em quatro estruturas de pensamento. Assinale a alternativa que apresenta a ordem cronológica correta dessas estruturas:

a) Sensório-motor, operatório formal, pré-operatório, operatório concreto.
b) Sensório-motor, pré-operatório, operatório formal, operatório concreto.
c) Sensório-motor, pré-operatório, operatório concreto, operatório formal.
d) Sensório-motor, operatório formal, operatório concreto, pré-operatório.

2. De acordo com a teoria de Vygotsky, o ser humano deve ser considerado sob várias óticas. Assinale com (V) as afirmações verdadeiras e com (F) as falsas, de acordo com as ideias desse autor:
   ( ) **Filogênese** – Ser humano enquanto gênero (aspectos biológicos da espécie).
   ( ) **Sociogênese** – Ser humano em agrupamentos coletivos (convivência com outros seres humanos).
   ( ) **Ontogênese** – Ser humano enquanto família – ela qualifica o sujeito, interpreta esse sujeito e seu contexto histórico e sociocultural.
   ( ) **Microgênese** – O que será observado nesse sujeito (o ser humano).

3. Segundo Vygotsky, o papel do ensino é se antecipar ao desenvolvimento. Isso significa que, segundo esse autor:
   a) É preciso esperar o amadurecimento do aluno para só depois ensinar os conceitos.
   b) A ZDP é o espaço no qual o professor deve usar o treinamento, o reforço e a punição.
   c) O bom ensino ajuda a desenvolver a pessoa em todos os sentidos, inclusive permitindo que ela se desenvolva mais rápido.
   d) Aprender é o mesmo que memorizar conceitos, hábitos, valores e procedimentos.

4. Assinale a alternativa **incorreta** em relação ao estágio da adolescência, proposto por Piaget, em sua epistemologia genética:
   a) Nesse período, o adolescente construirá o pensamento hipotético-dedutivo, a forma mais elevada de pensar e de lidar com os problemas.
   b) Nesse estágio, de posse das operações formais, o sujeito utiliza a reciprocidade e a equidade para realizar julgamentos.
   c) É na adolescência que o sujeito concretizará a personalidade, com base na elaboração de um "projeto de vida".
   d) Esse "projeto de vida" cumpre dupla função: disciplinar a vontade e servir como instrumento de individualização do sujeito.

5. Assinale com (V) as afirmações verdadeiras e com (F) as falsas, de acordo com a teoria piagetiana:
   ( ) O estágio **sensório-motor** inicia-se com a criança utilizando as percepções e o movimento, caracterizando-se pela inteligência hipotética-dedutiva, que é inteiramente prática.
   ( ) O estágio **pré-operatório** é marcado pela formação da função simbólica e caracteriza-se, entre outras coisas, pela exploração e pela investigação da realidade exterior.
   ( ) No estágio das **operações concretas** acontece a formação das operações de reversibilidade e a noção de conservação e de invariância.
   ( ) No estágio das **operações formais**, o adolescente construirá o pensamento hipotético-sincrético, a forma mais elevada de pensar e de lidar com os problemas

Atividades de Aprendizagem

Questões para Reflexão

1. Analise a teoria de Vygotsky e explique o que é ZDP e qual a sua importância para a educação.

2. Explique a diferença entre Piaget e Vygotsky, em relação ao desenvolvimento da linguagem, de acordo com os pressupostos teóricos estudados neste capítulo.

Atividade Aplicada: Prática

1. Elabore uma síntese com as principais ideias das teorias de Piaget e de Vygotsky apresentadas neste capítulo. Com qual dessas teorias você mais se identifica? Explique.

Capítulo 3

* Este capítulo contou com a contribuição da professora **Inge Renate Frose Suhr**. (Inge Renate Frose Suhr é licenciada em Pedagogia, especialista em Organização do Trabalho Pedagógico e mestre em Educação na área de Políticas e Gestão da Educação, pela Universidade Federal do Paraná – UFPR. Entre 2003 e 2006, foi coordenadora do Centro Didático Pedagógico – responsável pelo apoio pedagógico aos docentes de ensino superior – nas Faculdades Integradas do Brasil – UniBrasil. Atuou de 2003 a 2008 como docente na Universidade Positivo – UP, na qual participou do Centro de Apoio Pedagógico. Atualmente, leciona no curso de Pedagogia e em cursos de pós-graduação do Centro Universitário Uninter. É autora do livro *Processo avaliativo no ensino superior*, publicado pela Editora Ibpex, 2008).

Neste terceiro capítulo, destacaremos alguns conceitos-chave para a compreensão e o desenvolvimento adequado do processo de ensino-aprendizagem e discutiremos o papel da afetividade e da necessidade de rever paradigmas em relação à formação acadêmica no nível superior.

O processo de ensino-aprendizagem do aluno adulto: conceitos importantes*

Sabemos que há inúmeros problemas que interferem na vida acadêmica, geram baixo rendimento e são fontes constantes de preocupação no ensino superior, assim como em todos os demais níveis de ensino, tais como: dificuldades de aprendizagem; dificuldades de leitura e escrita; dificuldades de raciocínio lógico-matemático; dificuldade de apresentar trabalhos em sala (seminários, palestras etc.); déficit de atenção, concentração e memória; dúvidas sobre como estudar e compreender os assuntos; cansaço devido ao fato de muitos alunos do ensino superior necessitarem conciliar vida pessoal, trabalho e estudo; pouco tempo para se dedicar aos estudos; problemas de relacionamento interpessoal; entre outros.

Assim, as expectativas dos estudantes relacionam-se frequentemente com métodos e técnicas de estudo eficientes como: perder o medo de falar em público; conciliar seus relacionamentos ao trabalho e ao estudo, com a ampliação da compreensão sobre o próprio funcionamento de suas estruturas cognitivas; tornar-se mais criativo e motivado mantendo a atenção e a concentração durante as aulas etc.

Por conseguinte, a necessidade de buscar soluções para esses problemas é um grande passo para resolvê-los e se encontra na pauta de todo e qualquer professor, especialmente no ensino superior, tendo em vista a pressão e as cobranças sofridas pelos alunos jovem-adultos de se formar em uma profissão promissora e inserir-se no mercado de trabalho para atuar profissionalmente, obtendo sucesso e crescimento na carreira. Dessa forma, é preciso destacar alguns conceitos-chave para a compreensão e o desenvolvimento adequado do processo de ensino-aprendizagem. Trataremos desses conceitos a seguir.

As demandas da atualidade nos indicam a necessidade de revermos alguns conceitos aprendidos no senso comum e que, em alguns casos, são compreendidos de outra forma pela psicologia. Tais conceitos são essenciais em relação à aprendizagem do adulto, pois é por meio desses **processos psicológicos superiores** (como vimos no Capítulo 2, na teoria de Vygotsky), intimamente relacionados ao desenvolvimento pessoal, cultural, científico e social do aluno, que se dará a aprendizagem no ensino superior.

O primeiro deles é o de **inteligência**, termo que tem origem na palavra latina *intelligare* – relativo ao que sabe juntar, unir, enlaçar. Esse conceito foi, durante muitas décadas, rotulado como algo imutável e mensurável, ou seja, acreditava-se que cada ser humano nascia com um potencial limitado de inteligência a ser desenvolvido e que este podia ser medido por meio de testes de Q.I.

Atualmente, com o avanço dos estudos dos neurocientistas, descobriu-se que o conceito de inteligência como algo imutável não condiz com a realidade humana. Dessa forma, esse conceito foi reformulado, pois se acredita que é na vivência que o homem vai se constituindo e se transformando, podendo mudar não só o meio sociocultural em que vive, mas também o biológico (plasticidade cerebral*). Assim, a inteligência é compreendida atualmente como um processo dinâmico, construído na interação do sujeito com a cultura, e pode ser desenvolvida independentemente da idade da pessoa.

Nessa perspectiva, podemos afirmar que a inteligência não é "dom", como também não é hereditária ou inata, ao contrário, ela é desenvolvida conforme as condições concretas de vida de cada sujeito, podendo ser estimulada e ampliada constantemente, na tentativa de resolver os inúmeros problemas que surgem cotidianamente.

A consequência mais imediata em sala de aula é nos fazer enxergar todos os alunos como pessoas que podem aprender, que podem desenvolver sua inteligência para além do que já fizeram, adaptando-se a novas situações, solucionando problemas, "improvisando" diante do novo, pensando e agindo de modo eficaz diante dos desafios. Mas as atividades em sala de aula, assim como as demais atividades de ensino-aprendizagem, podem (ou não) potencializar o desenvolvimento da inteligência. Para que isso ocorra, é preciso trabalhar rumo aos processos psicológicos superiores: memória voluntária, atenção consciente, imaginação criativa, linguagem, pensamento conceitual, percepção mediada etc. Se as atividades pedagógicas no ensino superior favorecerem essas habilidades mentais, estarão não apenas formando médicos, engenheiros, advogados, professores, administradores ou jornalistas, mas contribuindo para o desenvolvimento da inteligência desses alunos.

---

* Para aprofundamento nesse tema, vide Varella, 2009.

Mais uma vez fica marcada a importância de aulas interativas, que superem a memorização de conceitos e favoreçam a compreensão destes. Dessa forma, é necessário que o professor trabalhe na perspectiva da aprendizagem significativa, levando em conta o que aluno já conhece, seu potencial e sua inteligência.

Outro conceito que precisa ser revisto é o de **criatividade**. Nunes e Silveira (2008) a definem como potencial para gerar ideias com um caráter direcionado, intencional e transformador. A criatividade se expressa de diversas formas e em diferentes níveis, não se refere apenas à arte, como alguns pensam. Na verdade, todas as descobertas científicas são obras "criativas", pois questionam, invertem, desafiam as regras já estabelecidas numa determinada área de conhecimento.

A criatividade, ao contrário do que diz o senso comum, não é privilégio de poucos eleitos, ela existe em todas as pessoas. Infelizmente, alguns são desestimulados, no decorrer de suas vidas, a exercitarem a criatividade. Por exemplo: se as experiências de uma determinada pessoa só lhe permitiram copiar, reproduzir e se suas tentativas de participação mais ativa foram "podadas", ela tende a desenvolver uma postura de reprodução do que já existe e deixa de buscar soluções novas, diferenciadas. Portanto, a organização do sistema educacional também pode auxiliar (ou dificultar) o desenvolvimento da criatividade.

É preciso também desmistificar a ideia de que a criatividade já "nasce com a pessoa", como se fosse um *insight*, um momento iluminado no qual a pessoa descobre algo novo. Na verdade, a criatividade se relaciona com o conhecimento e pressupõe "dedicação". É verdade que a descoberta de um novo processo ou teoria ocorre por meio de um *insight*, um momento em que, de repente, tudo fica claro. Mas, até chegar a esse ponto, a pessoa precisou estudar, aprender, ler, refletir, analisar, comparar com o que as teorias afirmavam até então. Vamos tomar Einstein como exemplo: mesmo que a teoria da relatividade tenha sido percebida e descrita num determinado momento, sem dúvida ela é fruto de anos de estudo, dedicação e pesquisa.

Dessa forma, fica evidente que o ser humano não nasce criativo, ele constitui sua criatividade na vivência com as situações e as pessoas, por meio dos estímulos do meio sociocultural em que vive, com as resoluções dos problemas que surgem, com o enfrentamento das inúmeras situações e dos desafios que encontra ao longo da vida. Ele aprende e desenvolve a criatividade simultaneamente. Por isso, é muito importante que os alunos sejam levados a perceber que sem aprendizagem não pode haver criatividade, já que no senso comum reina a ideia de que ela pode ser um recurso para a falta de conhecimento.

O ensino superior pode contribuir com o desenvolvimento da criatividade na medida em que a metodologia usada pelos professores permita a interação, a solução de problemas e a análise de casos nos quais os alunos (individualmente ou em grupos) deverão, com base no conhecimento estudado, propor soluções. Para isso, é importante valorizar o pensamento divergente, desde que adequado ao problema e à fundamentação teórica adotada.

Ainda nessa direção, a valorização da dúvida e a aceitação do erro como parte do processo de aprendizagem são atitudes que favorecem o desenvolvimento da criatividade. É importante fazer uma ressalva: não se trata de aceitar o erro e permitir que o estudante permaneça nele, mas, sim tratá-lo como parte de um raciocínio, que precisa ser orientado pelo professor para que se possa desenvolver melhor suas ideias e avançar no conhecimento. Por outro lado, quando a turma tem medo de expressar suas dúvidas, não poderá perceber que "pensar diferente" é possível e aceitável, desde que com argumentos claros e corretos.

Finalmente, vale lembrar que atividades significativas e não meramente copiadas e repetitivas também favorecem, e muito, o desenvolvimento da criatividade.

O terceiro conceito que precisamos rever é o de **memória**. Como ela vem sendo apontada como estratégia ultrapassada de armazenamento de informações ante as possibilidades do mundo atual, é preciso colocá-la em seu devido lugar. A memória é essencial para nossas vidas; sem ela não sabemos sequer se já almoçamos ou não, onde fica nossa casa etc., porém, ela não basta como estratégia pedagógica, pois nos remete a uma concepção de aprendizagem como mero acúmulo de informações.

Como a memória é importante, porém insuficiente para a aprendizagem significativa, precisamos orientar nossas aulas de modo que o aluno faça uso construtivo e efetivo da memória para reter conhecimentos, valores, ideias, informações relevantes para a análise e solução de casos, problemas, situações. Dito de outro modo, trata-se de usar a memória como recurso pedagógico, e não como objetivo final da aula ou da disciplina. Para isso, sempre que possível, devemos promover a relação dos conteúdos com a história de vida dos alunos, com o trabalho, com os fatos do dia a dia etc. Além de dar significado aos conteúdos, a relação com a prática social auxilia e facilita a memorização dos conceitos centrais.

Pozo (2002) apresenta as diferenças entre os tipos de memória e sua utilidade no processo de aprender. A primeira delas, denominada por ele de *memória de trabalho*, também conhecida como *memória de curto prazo*, além de "conservar transitoriamente a informação, [...] pode ser considerada também como um processo funcional de distribuição de recursos, muito próximo, se não idêntico, ao que conhecemos por atenção" (Pozo, 2002, p. 101). Como essa memória tem uma capacidade limitada de armazenamento de informações, acaba influenciando em nossas dificuldades de aprendizagem, já que o restrito "espaço mental" disponível acaba sendo um obstáculo, isto é, não podemos manter nossa atenção em muitas coisas ao mesmo tempo. Contudo, a versatilidade da nossa capacidade humana de aprender ultrapassa os limites de espaço da nossa memória, ou seja, nossa capacidade cognitiva acaba "utilizando melhor os escassos recursos disponíveis, organizando melhor, [...] tirando coisas, 'empilhando' outras etc." (Pozo, 2002, p. 104) e driblando, muitas vezes, a questão do espaço no caso dessa memória.

Esse mesmo autor apresenta outro tipo de memória, denominada de *memória permanente*, a qual "ao contrário da memória de trabalho, que se define como um sistema limitado, [...] é concebida como um sistema quase ilimitado em capacidade e duração" (Pozo, 2002, p. 105). Pozo (2002, p. 105) explica que "necessitaríamos de toda uma vida para lembrar o que a vida nos fez aprender até agora. Somos uma imensa memória". Ele alerta, contudo, para o fato de que "nem sempre encontramos nela [na memória] o que procuramos" e que, ao contrário dos computadores, "nós, pessoas, esquecemos com frequência muito do que aprendemos ou vivemos" (Pozo, 2002, p. 105). Sem esse esquecimento, ou seja, se fossemos como os computadores, não haveria problema de aprendizagem, pois tudo que fosse registrado em nossa memória poderia ser posteriormente acessado, como um arquivo de computador. Mas é exatamente o contrário que ocorre, "podemos aprender justamente **porque** esquecemos, porque nossa memória permanente está organizada para cumprir uma função seletiva, que nos permite reconstruir nosso passado e nossas aprendizagens anteriores em função de nossas metas atuais" (Pozo, 2002, p. 105-106, grifo nosso). Assim, "a memória humana não só serve para representar e recordar o aprendido, como também para esquecê-lo quando deixa de ser útil e eficaz" (Pozo, 2002, p. 106-107).

> *A conjunção ou conexão entre as duas memórias multiplica de tal forma suas potencialidades que nos torna capazes de realizar as mais complexas tarefas e de planejar os mais eficazes sistemas "culturais" de amplificação de nossa memória limitada. Grande parte do êxito de nossa memória se deve, em termos vygotskianos, aos "mediadores" culturais (papel e lápis, quando não calculadora para multiplicar, tecno-*

logias de registro e armazenamento da informação, etc.), que liberam boa parte de nossos recursos e nos evitam a imensa tarefa de manter um registro fiel do mundo em nossa cabeça. (Pozo, 2002, p. 110)

Pozo (2002, p. 111) também ressalta que as novas tecnologias, "ao invés de escravizar e nos submeter a suas rotinas, [...] multiplicam nossas possibilidades cognitivas e nos permitem o acesso a uma nova cultura da aprendizagem", potencializando o que antes ficava por conta do papel, do lápis, da caneta, da calculadora etc.

A seguir, analisaremos o conceito de **motivação**. Nunes e Silveira (2008) afirmam que o termo tem sua origem no latim *movere*, que significa "motivo, que leva a mover". Podemos inferir que motivação é "algo" que nos leva a "nos movermos". Segundo Bock, Furtado e Teixeira (1991, p. 121), há três variáveis intervenientes na motivação: o ambiente, as forças internas ao indivíduo (como necessidade, desejo, vontade, interesse, impulso instinto) e o objeto (que atrai o indivíduo por ser fonte de satisfação da forma interna que o mobiliza). Esses autores definem motivação como

> *processo que mobiliza o organismo para a ação, a partir de uma relação estabelecida entre o ambiente, a necessidade e o objeto da satisfação. Isso significa que, na base da motivação, está sempre um organismo que apresenta uma necessidade, um desejo, uma intenção, um interesse, uma vontade ou uma disposição para agir. Na motivação está incluído o ambiente que estimula o organismo e que oferece o objeto de satisfação. E, por fim, no motivação está incluído o objeto que aparece como a possibilidade de satisfação da necessidade.* (Bock; Furtado; Teixeira, 1991, p. 121)

A definição que vimos mostra que toda mobilização cognitiva (como a aprendizagem) necessita do interesse do aprendiz. É o sujeito que apresenta uma necessidade, um interesse, que o predispõe a agir em relação ao objeto de estudo. Porém, não se trata apenas de um processo interno ao sujeito, já que se estabelece na relação com o ambiente (os colegas e o professor, em sala de aula) e com o objeto de aprendizagem. É importante lembrar o papel do ambiente na motivação, já que nem todos os conteúdos necessários à formação superior despertarão, por si só, a motivação dos alunos. O papel do ambiente, nesse caso, é favorecer que o aluno "esteja a fim" de aprender. Nunes e Silveira (2008) se referem a duas formas de motivação: extrínseca (vinda de fora do sujeito) e intrínseca (interna ao sujeito) e consideram que a motivação intrínseca é mais desejável, pois favorece a aprendizagem de maneira mais autônoma, indiferente aos estímulos do meio.

Essas mesmas autoras ressaltam, porém, a riqueza da relação existente entre a motivação intrínseca e a extrínseca, afirmando que o ambiente pode despertar o desejo de aprender, mesmo que, de início, esse desejo não esteja presente. Isso se consegue quando o objeto de estudo é apresentado num nível que o aluno consegue compreender, o que nos indica a importância da seleção dos conteúdos ao nível de aprendizagem dos estudantes, bem como sua adequação a eles. Além disso, a atuação docente pode favorecer a criação de espaços/ambientes motivadores, quando estimula a participação, a indagação, a investigação, a descoberta e a reflexão, quando utiliza um vocabulário acessível, quando adéqua o nível de complexidade das atividades às possibilidades da turma etc. A adequação da metodologia, da avaliação e dos recursos didáticos faz parte, portanto, da motivação extrínseca.

Outro aspecto apontado como determinante para o nível de motivação dos estudantes é a motivação do docente para estar naquela turma lecionando aquele conteúdo. Obviamente não se trata de esperar uma posição messiânica do professor, como se ele não vivesse todos os problemas da realidade e estivesse sempre feliz e motivado, mas cumpre reconhecer o efeito da sua motivação em classe.

Finalmente, cabe falar dos elementos extraescolares que interferem no grau de motivação. Problemas econômicos de extrema gravidade, doenças, situações nas quais a emoção se sobrepõe à razão dificultam o envolvimento com a aprendizagem. Embora não caiba ao professor resolver tais situações, é importante que ele reconheça e perceba seu papel como mais um elemento a favorecer ou dificultar o processo de aprendizagem.

Outra questão importante é a **afetividade** na aprendizagem. Tanto professores quanto alunos não se movem apenas por aspectos cognitivos, os elementos situacionais também interferem no aprendizado (positiva e negativamente).

Essas ideias nos instigam a refletir mais profundamente sobre a importância da afetividade no processo de ensino-aprendizagem e merecem um destaque especial, o que faremos a seguir.

3.1 Afetividade e aprendizagem no ensino superior

A dimensão afetiva da aprendizagem vem sendo desconsiderada durante muito tempo na história da educação. O processo de desenvolvimento humano tem se fragmentado, dando ênfase ao caráter intelectual-cognitivo do sujeito. No entanto, esses dois polos, afetivo e cognitivo, complementam-se, formando o que podemos denominar de *unidade dialética dos contrários*. Em outras palavras, emoção e cognição encontram-se intrinsecamente relacionadas no processo de desenvolvimento humano.

Quando pensamos em crianças, é fácil associarmos esse pensamento às questões afetivas, é quase automático, porém, quando o assunto é "adulto", geralmente associamos mais às questões racionais e à responsabilidade, como se o afeto fosse menos importante que a razão.

Segundo a teoria de Vygotsky, citado por Oliveira e Rego (2003, p. 21-22),

> *a razão tem efetivamente o papel de controle dos impulsos emocionais no homem cultural adulto, relacionado à autorregulação do comportamento. Mas esse papel não deve ser confundido com a ideia de uma razão repressora, capaz de anular ou extinguir os afetos. Ao contrário, com o desenvolviemto, a razão está a serviço da vida afetiva, na medida em que é instrumento de elaboração e refinamento dos sentimentos. Isso fica evidente no fato de que Vygotsky postula para o ser humano adulto a possibilidade de construir um universo emocional complexo e sofisticado (em comparação aos animais e às crianças) e não uma ausência de emoções, que teriam sido suprimidas pela razão.*

Então, provavelmente, vocês podem estar pensando e se perguntado: "Qual o papel da afetividade para a educação no ensino superior?", "É necessário ou mesmo permitido explorar a dimensão afetiva na educação de adultos?". Essas e outras questões podem surgir na nossa mente quando refletimos sobre a dimensão afetiva (sentimentos, emoções, afetos etc.) no ensino superior.

Bem, há na educação um processo de constituição de sujeito, e a dimensão afetiva a que nos referimos aqui é, exatamente, o reconhecimento de que o sujeito é parte do processo educacional e deverá ser percebido e tomado como tal. Ou seja, é necessário que o educador esteja atento para as motivações, as necessidades, os interesses individuais dos estudantes, procurando entendê-los em seu contexto, considerando as condições histórico-sócio-culturais determinantes da constituição de cada um deles. Esse é, sem dúvida, um dos pontos fundamentais que possibilitam a compreensão da totalidade do estudante, o qual não é apenas um "cérebro", mas um misto de afeto, emoção, sentimento e cognição que o constituem.

Piaget, citado por Souza (2003, p. 56), também corrobora essas ideias, afirmando que "as relações entre afetividade e inteligência [...] estão indissociadas e integradas no desenvolvimento psicológico, não sendo possível ter-se duas psicologias, uma da afetividade e outra da inteligência, para explicar os comportamentos". Por conseguinte, Souza (2003, p. 54) demonstra que "a abordagem de Piaget rompe [...] com a dicotomia inteligência/afetividade apresentando o desenvolvimento psicológico como um uno, em suas dimensões afetivas e cognitivas, ao longo da vida dos indivíduos".

Assim, podemos afirmar que a dimensão afetiva é essencial ao aprendizado humano dentro do contexto sociocultural em que vivemos, pois estamos sempre em relação com o outro, seja na faculdade, seja no trabalho, em casa etc. Por isso, quando o assunto é aprendizagem, seja ela da criança, seja do adolescente ou do adulto, torna-se fundamental, para o sucesso do aluno, que as relações interpessoais se deem de uma forma positiva, para que a apropriação dos conteúdos ocorra de maneira significativa.

Se pararmos um minuto para refletir, certamente todos nós poderemos recordar alguns professores dos quais gostávamos bastante e que mantinham em suas aulas um "clima emocional" favorável, no qual nos sentíamos acolhidos e percebíamos seu carinho, seu compromisso conosco, seu cuidado em preparar as aulas e as atividades, enfim, sentiamos sua humanidade. Isso certamente ajudava a superar a dificuldade de muitos alunos em relação ao conteúdo, proporcionando prazer em participar das aulas, em fazer os exercícios e as atividades propostas, em estudar para as avaliações. Enfim, um professor comprometido, atencioso e motivado motiva (afeta) os alunos.

De acordo com Mahoney e Almeida (2005), Wallon* traz importantes contribuições para compreendermos a importância da dimensão da afetividade na educação. Essa afetividade, segundo as autoras, é definida por Wallon como a "capacidade, a disposição do ser humano de ser afetado pelo mundo externo/interno por sensações ligadas a tonalidades agradáveis ou desagradáveis" (Mahoney; Almeida, 2005, p. 19).

Por outro lado, Wallon explica, como afirmam Mahoney e Almeida (2005, p. 21), que "o adulto tem maiores recursos de expressão representacional: observa, reflete antes de agir; sabe onde, como e quando se expressar; traduz intelectualmente seus motivos ou circunstâncias". Por isso, para ele há um sentimento que "opõe-se ao arrebatamento" e tende a reprimir as emoções, "impondo controle e obstáculos que quebrem sua potência" (Mahoney; Almeida, 2005, p. 21); esse sentimento deve predominar na "expressão representacional" da afetividade na vida adulta, reprimindo as emoções mais primitivas, como a raiva, o ciúme, a tristeza e o medo, ou seja, o "autocontrole para dominar uma situação" (Mahoney; Almeida, 2005, p. 21).

Dessa forma, compreendemos que o jovem-adulto, diferentemente da criança, tem maior controle sobre seus afetos e suas emoções, podendo equilibrar o binômio afetividade-cognição de forma a pensar, agir e viver de maneira saudável e equilibrada.

---

* Wallon nasceu e viveu na França entre 1879 e 1962. Participou da Primeira Guerra Mundial como médico e, na Segunda Guerra, como membro do movimento da resistência aos nazistas. Formado em Filosofia, Medicina e Psiquiatria, demonstrou acentuado interesse em psicologia, dedicando-se à psicopatologia (1914), quando registrou suas observações feitas em crianças internadas em instituições psiquiátricas. Esse estudo tornou-se sua tese de doutorado. Após a Segunda Guerra Mundial, suas atividades voltaram-se para a educação. Propôs uma reforma completa do sistema educacional francês, da qual participaram o físico Langevin e outros educadores. O projeto Langevin-Wallon (como ficou conhecido) tinha como objetivo construir uma educação mais justa para uma sociedade mais justa.

Por isso, para criar um "ambiente emocional" favorável em sala de aula, é essencial que os professores compreendam a importância da dimensão afetiva e de sua relevância para o desenvolvimento positivo do processo de ensino-aprendizagem, equilibrando o binômio afeto--cognição e estimulando positivamente uma aprendizagem significativa. Não se trata de supervalorizar o aspecto afetivo, colocando-o como difusor ou inibidor da aprendizagem, mas de compreender o quanto, por exemplo, as relações professor-aluno, aluno-aluno, enfim, o "clima emocional" favorável em sala pode repercutir na qualidade do aprendizado. É importante ressaltar que a afetividade acontece quando o professor planeja suas aulas, quando se comunica com a turma toda, quando ele avalia o aluno não só pelo que está escrito no papel. Quando respeita o aluno, independentemente de sua cor, crenças, condições socioeconômicas, diferenças intelectuais ou culturais.

Além disso, acreditamos que observar os alunos em sala, o modo como estão sentados, os olhares, as expressões, acolher esses alunos, perceber os conflitos, dialogar com esses alunos, enfim, esse "olhar afetivo" do professor nos ajuda a compreender as mensagens transmitidas pelos estudantes e proporciona uma inter-relação mais rica e prazerosa para todos.

A nossa mensagem corporal também é muito importante, pois é lida pela turma, geralmente, até de forma mais significativa que as palavras. Por isso, a **integração cognitivo-afetivo-motora walloniana** é fundamental; é o tripé que sustenta o desenvolvimento humano.

Como ressaltam Bock, Furtado e Teixeira (1991), os afetos e as emoções são parte de cada um de nós e estão presentes em todos os momentos de nossa vida, inclusive na sala de aula. O que estamos vivendo como "ser integral" nos acompanha à sala de aula e interfere em nosso nível de atenção, de motivação e, portanto, de aprendizagem.

3.2 Ensino superior na atualidade: a necessidade de rever paradigmas

Vocês já devem estar achando que lecionar no ensino superior exige demais do professor, que é quase impossível corresponder a todos os elementos até aqui apontados. Na verdade, o importante é nos conscientizarmos da necessidade de rever nossos paradigmas e, com base nisso, "dar um passo de cada vez", sem ter a ansiedade de resolver tudo "para ontem". O que não podemos mais admitir é a postura de alguns professores, alunos e instituições de ensino que ainda concebem o professor como detentor do conhecimento e o aluno como ser passivo, que apenas absorve os conhecimentos do mestre. Já não há espaço para aulas nas quais existe um nível muito baixo de interatividade entre professor e alunos, alunos entre si e de todos com o conhecimento. Por isso mesmo a ênfase nas aulas expositivas precisa ser revista e ressignificada, assim como a compreensão dos objetivos de cada conteúdo por parte dos estudantes deve ser meta de toda a atividade pedagógica no ensino superior.

Podemos afirmar que uma proposta de educação superior de qualidade vai além de simplesmente "passar informações", já que estas estão acessíveis aos alunos em vários lugares. O papel do professor no ensino superior é ajudar o estudante a compreender, a ressignificar, a apreender e a se apropriar crítica e criativamente dos conteúdos. Portanto, seu papel vai além da transmissão, ele tem a ver com a construção de uma metodologia que leve em conta o estilo de aprendizagem* dos adultos, as condições concretas dos alunos críticos e, principalmente, a mentalidade de aprendizagem. Isso pode parecer óbvio, mas muitas vezes a aprendizagem não ocorre e o docente não se apercebe, quando seu foco

---

* Entendemos o **estilo de aprendizagem** como a forma/jeito pessoal de cada aluno aprender.

principal é a transmissão. Com o objetivo de vencer essa dicotomia, os autores têm se referido sempre ao processo de ensino-aprendizagem como binômio, um ligado ao outro de forma inseparável.

No ensino superior, o processo de ensino-aprendizagem é grandemente facilitado se o professor tem em mente que deve favorecer o pensamento crítico, criativo, construtor de novas soluções para os problemas da realidade, que ele e seus alunos são parceiros no desafio de realizar, a cada dia, a universidade como instituição social. Isso significa que o papel da universidade não se esgota na aula, na disciplina ou no curso que estamos lecionando, mas, sim, quando esse saber retorna à comunidade, em forma de atuação profissional ética e competente, por meio da criação de novos saberes e soluções para os problemas que assolam a vida em sociedade e a sobrevivência do planeta como um todo.

Por isso mesmo devemos compreender o conhecimento como emancipatório, tanto para o estudante que está como nosso aluno quanto para a sociedade. Para o aluno, o conhecimento é emancipatório à medida que lhe permite uma compreensão ampliada, mais orgânica do real e, por isso, favorece ações mais conscientes e críticas. Para a sociedade, é emancipatório se for acessível à maioria, se provocar mudanças rumo à vida de mais qualidade para todos. Isso nos indica o quanto o processo pedagógico no ensino superior supera a mera transmissão de conceitos e tem, em última instância, um papel social relevante.

Mas o aluno nem sempre consegue fazer essa relação, razão pela qual é preciso que no planejamento de aulas o professor tenha em mente que é necessário sempre contextualizar e problematizar o que ensina. Contextualizar significa fazer relações com o dia a dia, com a prática social; problematizar é tomar essa mesma prática social como elemento que nos aponta problemas ainda não resolvidos pela Humanidade e que podem ser melhor compreendidos se tivermos a teoria (contextualizada, significativa, "viva") como referência. Isso quer dizer, mais uma vez, que precisamos promover o conhecimento relacional, e não o mero repasse de informações.

Para promover esse tipo de conhecimento (alunos e professores relacionando os conteúdos e as informações com a prática social), é preciso ter claro também que existem diversas formas de aprender e de organizar as aulas. Os alunos utilizam as estratégias* mais diversas para captar as informações, para registrá-las em seu cérebro e para recuperá-las quando necessário. Existem, inclusive, preferências por aprender usando mais o canal auditivo, o visual ou o sinestésico (como abordamos no Capítulo 1 dessa obra). Isso tem a ver com estilo pessoal de aprendizagem e também com as características de cada conteúdo. Além disso, educação superior está relacionada aos processos metacognitivos (reflexão consciente ou metacognição – necessária na seleção e no planejamento dos procedimentos mais eficazes para o sucesso de uma estratégia, ou seja, planejar, executar e avaliar a aplicação das estratégias) no ensino-aprendizagem de adultos.

Dessa forma, o aluno adulto, segundo Pozo (2002, p. 235),

> *deve compreender o que está fazendo e por que está fazendo, o que por sua vez exigirá uma reflexão consciente, um metaconhecimento, sobre os procedimentos empregados. Além disso, implica em uso seletivo dos próprios recursos e capacidades disponíveis. Para que o (adulto) aprendiz ponha em andamento uma determinada estratégia, deve dispor de recursos alternativos, entre os quais decide utilizar, em função das demandas da tarefa que lhe seja apresentada, aqueles que considera mais adequados.*

---

* Conforme Pozo (2002, p. 235), "ao contrário das técnicas, as estratégias são procedimentos que se aplicam de modo controlado, dentro de um plano projetado deliberadamente com o fim de conseguir uma meta fixa".

No caso do professor de adultos, podemos citar as diferenças entre aprender a calcular as quantidades de cimento, cal, areia e água necessárias para a firmeza de uma argamassa e ler um texto filosófico. Ambas as aprendizagens citadas requerem ações mentais diferenciadas, que precisam ser pensadas também quando do planejamento das aulas. É diferente ensinar o cálculo da argamassa ou um conceito filosófico, e, portanto, a metodologia de ensino, as estratégias e os recursos utilizados também deverão ter características diferenciadas.

Essa é sem dúvida uma situação complexa que nos permite identificar um conjunto de circunstâncias constatadas por meio da metodologia de ensino e dos recursos utilizados, podendo gerar inúmeras consequências, como as dificuldades de aprendizagem. Por outro lado, podemos apontar eixos que direcionem, inicialmente, os alunos para vencerem os obstáculos, quando definimos nossas metas e avaliamos constantemente o desenvolvimento e a operacionalização dos objetivos propostos em cada aula (retomaremos essa discussão no Capítulo 5).

Contudo, Charlot (2006, p. 15) alerta para o fato de que "se o jovem (ou o adulto) não se mobiliza intelectualmente, ele não aprende. O que quer que o professor faça, ele não pode aprender no lugar do aluno". Por isso, algumas orientações importantes nesse sentido, de concretizar o processo de ensino-aprendizagem do adulto, devem estar claras e serem expostas pelo professor no ensino superior, para que o aluno também possa se mobilizar e aprender significativamente:

~ organizar-se com relação aos estudos;
~ avaliar as próprias atitudes durante as aulas;
~ aprimorar as relações interpessoais com colegas e professores;
~ melhorar os hábitos de leitura, escrita e interpretação de textos, lendo sempre que possível (jornais, revistas, livros etc.);
~ otimizar o tempo disponível para os estudos, organizando os horários;

- usar de métodos, técnicas e estratégias para melhorar a concentração, a atenção e a memória;
- motivar-se para os estudos e para um melhor desempenho acadêmico e profissional por meio de métodos e técnicas específicos para esse fim.

Nessa perspectiva, o docente precisa considerar que lecionar envolve, além do domínio de técnicas pedagógicas e estratégias específicas, um "olhar afetivo" para com o estudante, no sentido de orientá-lo e motivá-lo a ter uma postura responsável no ensino superior, por meio da metacognição. Por outro lado, o aluno também necessita desenvolver ações conscientes no que diz respeito ao seu papel na parceria entre ele e o professor, ou entre o ensino e a aprendizagem, já que um depende do outro nesse processo.

Síntese

Neste capítulo, destacamos alguns conceitos-chave para a compreensão e o desenvolvimento adequado do processo de ensino-aprendizagem: inteligência, criatividade, memória, motivação e afetividade, dando ênfase à importância de cada um deles para o aprendizado no ensino superior.

Ressaltamos que o aluno adulto, diferentemente da criança, tem maior controle sobre seus afetos e emoções, podendo equilibrar o binômio afetividade-cognição de forma a pensar, agir e viver de maneira saudável e equilibrada.

Destacamos, ainda, que a afetividade acontece quando o professor planeja suas aulas, quando se comunica com a turma toda, quando ele avalia o aluno não só pelo que está escrito no papel. Quando respeita o aluno, independentemente de sua cor, crenças, condições socioeconômicas, diferenças intelectuais ou culturais.

Também explicitamos o papel das estratégias e da metacognição e, além disso, ressaltamos que o "olhar afetivo" do professor ajuda a compreender as mensagens transmitidas pelos estudantes e proporciona uma inter-relação mais rica e prazerosa para todos.

Indicações culturais

Filmes

GÊNIO Indomável. Direção: Gus Van Sant. Produção: Lawrence Bender. EUA: Miramax Films, 1997. 126 min.

> Retrata a história de um jovem com uma enorme capacidade intelectual, porém pobre e sem perspectiva de vida, até que inicia um processo de terapia com um professor e psicólogo e descobre um novo mundo.

COMO se fosse a primeira vez. Direção: Peter Segal. Produção: Jack Giarraputo, Steve Golin, Nancy Juvonen, Larry Kennar e Adam Sandler. EUA: Columbia TriStar Pictures, 2004. 99 min.

> O filme retrata os desafios de quem lida com a perda da memória, contando a história de uma professora que perde a capacidade de memorizar os acontecimentos a longo prazo, após sofrer um acidente. Todas as manhãs, ao acordar, ela não se lembra de nada que ocorreu no dia anterior, fatos, pessoas etc. e, assim, passa a ter de recomeçar do zero, todos os dias, como se fosse a primeira vez.

O CARTEIRO e o poeta. Direção: Michael Radford. Produção: Mario Cecchi Gori, Vittorio Cecchi Gori e Gaetano Daniele. Itália: Miramax Films, 1994. 108 min.

O filme narra o encontro e a amizade inusitados entre um carteiro com o poeta Pablo Neruda, numa pequena Ilha da Itália. Por meio da poesia, o carteiro descobre o amor e a amizade, mas também vai descobrindo a si mesmo e a sua própria criatividade poética.

HENRI WALLON. Direção: Régis Horta. Brasil: Paulus, 2006. 42 min. (Coleção Grandes Educadores).

Documentário apresentado pela professora Izabel Galvão, grande estudiosa desse autor, apresentando de forma acessível as principais concepções da obra de Wallon.

Atividades de Autoavaliação

1. Em relação ao conceito de **inteligência**, indique se as afirmativas são verdadeiras (V) ou falsas (F). Depois, assinale a alternativa que apresenta a sequência correta:
   - ( ) O termo *inteligência* tem origem na palavra *intelligare* – relativo ao que sabe juntar, unir, enlaçar.
   - ( ) O conceito de inteligência é algo imutável e mensurável, pois cada ser humano nasce com um potencial limite de inteligência a ser desenvolvido e esse potencial pode ser medido por meio de testes de Q.I.
   - ( ) A inteligência é compreendida atualmente como um processo dinâmico construído na interação do sujeito com a cultura e que pode ser desenvolvido, independentemente da idade da pessoa.
   - ( ) Inteligência é "dom", é hereditária ou inata, não é desenvolvida conforme as condições de vida de cada sujeito, apesar de poder ser estimulada.

a) V, F, F, V.
b) F, V, V, F.
c) V, F, V, F.
d) V, V, F, F

2. No que diz respeito à **criatividade**, assinale a alternativa correta:
   a) A criatividade se expressa de diversas formas e em diferentes níveis, referindo-se sempre à arte.
   b) Nem todas as descobertas científicas são obras "criativas".
   c) A criatividade é privilégio de poucos eleitos, não existe em todas as pessoas.
   d) A criatividade se relaciona com o conhecimento e pressupõe "dedicação".

3. Sobre a **memória**, assinale a alternativa correta:
   a) É importante, porém insuficiente para a aprendizagem significativa.
   b) É importante e suficiente para uma aprendizagem significativa.
   c) Para haver aprendizagem significativa, basta haver memorização do conteúdo.
   d) Sem memorização não há aprendizagem significativa.

4. Em relação à **motivação**, indique a alternativa **falsa**:
   a) Há três variáveis intervenientes na motivação: o ambiente, as forças internas ao indivíduo e o sujeito.
   b) É um processo que mobiliza o organismo para a ação, por meio de uma relação estabelecida entre o ambiente, a necessidade e o objeto da satisfação.
   c) Toda mobilização cognitiva (como a aprendizagem) necessita do interesse do aprendiz.
   d) Não se trata apenas de um processo interno ao sujeito, pois se estabelece na relação com o ambiente e o objeto de aprendizagem.

5. Em relação à **afetividade**, indique a alternativa verdadeira:
   a) Tanto professores quanto alunos se movem apenas por aspectos cognitivos na sala de aula.
   b) A dimensão afetiva da aprendizagem vem sendo considerada durante muito tempo na história da educação.
   c) Os polos afetivo e cognitivo se complementam, formando o que podemos denominar de *unidade dialética* dos contrários.
   d) A dimensão afetiva não é essencial ao aprendizado humano dentro do contexto sociocultural em que vivemos.

Atividades de Aprendizagem

Questões para Reflexão

1. Relembre sua trajetória escolar, desde o início, e tente se recordar dos(as) professores(as) que, em sua opinião, tinham uma boa estratégia, aliada a um "olhar afetivo" em sala de aula. Depois, tente recordar dos(as) professores(as) que, em sua opinião, não tinham esse olhar. Quais as diferenças entre esses professores? Isso interferia no aprendizado da turma? Explique.

2. Imagine-se lecionando no ensino superior. Quais qualidades você gostaria de ter como professor da graduação e/ou da pós-graduação? Aponte algumas características, estudadas neste capítulo, necessárias aos professores para que ocorra o desenvolvimento adequado do processo de ensino-aprendizagem.

Atividade Aplicada: Prática

1. Desenvolva um quadro síntese destacando os conceitos estudados neste capítulo: inteligência, criatividade, memória, motivação e afetividade. Qual(is) deles lhe chamou(aram) mais atenção? Por quê?

Capítulo 4

Neste capítulo, apresentaremos as contribuições da andragogia por meio da perspectiva da educação "permanente", "continuada" e "integral" do aluno adulto, destacando que esse estudante precisa ser compreendido pelo professor como sujeito da sua própria aprendizagem.

Contribuições da andragogia para o ensino superior*

O termo *pedagogia*, do grego *paidós* (criança) + *agein* (conduzir) + *logos* (ciência), surgiu para se referir ao ensino de crianças, já que o adulto não era tido como sujeito da aprendizagem até pouco tempo. Foi só no decorrer do século XX que surgiu a necessidade da formação mais especializada para adultos. Antes disso, o trabalho da maioria das pessoas não exigia formação teórica tão avançada e entendia-se

* Este capítulo contou com a contribuição da professora **Inge Renate Frose Suhr**.

que mesmo para as funções que demandavam maior formação inicial (curso superior), ao concluí-la o profissional já estava preparado para exercer sua profissão. Como as mudanças eram muito mais lentas que hoje, era comum uma pessoa nunca mais voltar às salas de aula. Por essa e outras razões, a pedagogia se desenvolveu tendo como foco o processo de ensino-aprendizagem para crianças.

Na atualidade, as mudanças são constantes, o acelerado desenvolvimento da ciência e da tecnologia, assim como as mudanças na organização do trabalho, levam as empresas a necessitarem de profissionais cada vez mais "bem preparados", tendo a flexibilidade e a capacidade de continuar aprendendo por toda a vida como habilidades desejáveis. Por outro lado, vem ocorrendo um processo de democratização do acesso ao ensino superior no Brasil, o que tem trazido para as instituições de ensino superior (IES) um novo alunado: trabalhador, que já é mais velho, tem o dia ocupado pelo trabalho e estuda à noite.

Embora a realidade tenha mudado, ainda há poucos estudos sobre a aprendizagem de adultos "já alfabetizados". É importante fazer essa ressalva, pois há autores, como Paulo Freire, que tomaram como tema a alfabetização de adultos.

Dessa forma, compreender o ensino superior (graduação e pós-graduação) como oportunidade de desenvolvimento, formação e transformação do ser humano requer a reflexão sobre a educação e sobre o processo de construção do conhecimento em alunos adolescentes e alunos adultos.

A ideia de que os alunos de cursos superiores, por serem considerados "adultos" e responsáveis por sua vida acadêmica, não necessitam de apoio e acompanhamento e a suposição de que cada um deve nessa fase de formação e profissionalização resolver seus próprios conflitos e superar sozinho suas dificuldades com relação aos estudos geram muitos equívocos e transtornos aos estudantes no ensino superior.

Assim, a observação dos profissionais que se dedicam aos estudos sobre a educação de jovens e adultos no ensino superior traz um novo olhar à questão. Para Hoirisch, Barros e Souza (1993, p. 20), "boa parte da população atendida pelo ensino superior situa-se na complexa passagem para a idade adulta, implicando na questão da identidade pessoal, profissional e a posterior inserção no mundo adulto e no mercado de trabalho".

Mucchielli (1981, p. 13) lamenta a ausência de teorias e políticas educacionais consistentes voltadas para o aluno do ensino superior e traz algumas informações sobre a educação de adultos:

> *Em nível internacional, a preocupação com a educação de adultos (assim denominada desde 1972) surgiu com a criação da Unesco – Organização das Nações Unidas para a Educação, Ciência e Cultura –, em 1956, de uma divisão voltada para o acompanhamento da "Educação Permanente", como sendo:*
>
> ~ *um prolongamento natural do ensino;*
>
> ~ *um aperfeiçoamento profissional e técnico, em todos os níveis, da graduação à pós-graduação;*
>
> ~ *um meio de proteção do homem contra os efeitos desumanizantes da técnica e da propaganda;*
>
> ~ *uma promoção do trabalho e uma reclassificação social, em termos de status e condições financeiras, para alguns adultos.*

Entre 1993 e 1996, a Comissão Internacional sobre Educação para o Século XXI, da Organização das Nações Unidas para a Educação, Ciência e Cultura (Unesco), desenvolveu um estudo que culminou na produção do Relatório Jacques Delors, publicado no Brasil com o título: *Educação: um tesouro a descobrir* (Delors, 1999), em 1999, síntese do pensamento das maiores autoridades mundiais sobre educação no final do século XX, sendo investido, portanto, de importância inquestionável para o planejamento de atividades educacionais atuais e futuras. Segundo esse documento, a aprendizagem neste século deverá se estender por toda a existência da pessoa, correspondendo à perspectiva da "educação permanente", "educação continuada" ou "andragogia". O termo *andragogia* já havia sido sugerido em documento da Unesco no início da década de 1970, com o mesmo significado.

Etimologicamente, a palavra *andragogia* deriva das palavras gregas *andros* (homem) + *agein* (conduzir) + *logos* (tratado, ciência), referindo-se à filosofia, à ciência e à técnica da educação de adultos.

Segundo Cavalcanti e Gayo (2005, p. 45),

> o vocábulo "andragogia" foi inicialmente utilizado por Alexander Kapp (1833), professor alemão, para descrever elementos da teoria de educação de Platão. Voltou a ser utilizado por Rosenstock (1921), para significar o conjunto de filosofias, métodos e professores especiais necessários à educação de adultos. Na década de 1970, o termo era comumente empregado na França (Pierre Furter), Iugoslávia (Susan Savecevic) e Holanda para designar a ciência da educação de adultos. O nome de Malcolm Knowles surgiu nos Estados Unidos da América, a partir de 1973, como um dos mais dedicados autores a estudar o assunto. Pierre Furter (1973, p. 23) definiu andragogia como a filosofia, ciência e técnica da educação de adultos.

Para Bellan (2005), esse termo assumiu ares operacionais quando foi usado pela primeira vez por Kapp e Knowles. Dizer isso significa reconhecer que a preocupação de Kapp não era o desenvolvimento integral da pessoa, mas sim sua formação profissional de acordo com o que era exigido pelas empresas na década de 1970. A andragogia tendeu, assim, desde seu primórdios, a dois pontos de vista antagônicos: a ter um olhar excessivamente focado no utilitário, no que poderá ser usado de maneira prática, geralmente no local de trabalho, em um horizonte de tempo muito próximo. Ou, por outro lado, um olhar voltado para a perspectiva da educação "permanente", "continuada" e "integral" do aluno adulto.

É preciso reconhecer que a andragogia trouxe importantes contribuições no que se refere ao modo de organizar as aulas para adultos. Porém, é essencial tomar o cuidado de evitar o utilitarismo, pois nem tudo que se aprende no ensino superior tem apenas a formação profissional como horizonte. E, mesmo que fosse assim, o que não é necessário ou útil hoje pode vir a ser num outro momento da carreira de um profissional.

A andragogia toma como referência o aluno adulto, o qual, segundo Cavalcanti e Gayo (2005, p. 46), "se percebe como 'ser livre, autônomo' e, como tal, capaz de tomar decisões, fazer escolhas, direcionar suas ações para perseguir seus objetivos. Sua consciência e liberdade o tornam sujeito de responsabilidade, tanto no sentido de saber como agir e reagir perante os desafios e problemas existenciais, como no de arcar com as consequências de seus atos e decisões".

Contudo, não precisamos ir muito longe para perceber que nem todos os alunos do ensino superior agem como adultos e que até mesmo nós, que já somos profissionais estabelecidos, às vezes agimos de maneira imatura ou irresponsável. Isso nos indica que precisamos compreender que nem sempre nossos alunos terão toda a responsabilidade e disponibilidade para aprender o que desejaríamos e que elementos como disciplina e autonomia ainda precisam ser desenvolvidos, mesmo no ensino superior.

Para compreendermos melhor esse assunto, tomaremos como referência o pensamento de Bellan (2005), que apresenta conceitos da andragogia e estabelece algumas comparações com as contribuições da concepção interacionista de aprendizagem, estudada no Capítulo 2.

Para a andragogia, o estudante precisa ser compreendido pelo professor como sujeito da sua própria aprendizagem. Observe que essa constatação não difere da concepção interacionista de aprendizagem sobre a qual falamos anteriormente. Também para essa linha ninguém aprende pelo outro, o sujeito da aprendizagem é o aluno, mas em estreita relação com o objeto de estudo e mediado pelo professor ou pelos colegas e pelos demais elementos culturais, como livros, artigos, filmes etc.

Nessa perspectiva, o adulto está em busca da autonomia, e não gosta de se sentir tutelado o tempo todo, pois é responsável por seus atos e suas decisões. O interacionismo também defende que a busca da autonomia é essencial, mas nos alerta que se trata de um processo que pode – ou não – ter sido desenvolvido por causa das vivências que tivemos. Assim, nem todo aluno, somente pelo fato de ter "X" anos, é um adulto autônomo. Cabe, porém, ao professor, incentivar e ajudar a desenvolver a autonomia, o que se consegue por meio das aulas interativas, fazendo com que o aluno se sinta capaz de intervir, perguntar e discordar. Também no planejamento de atividades os alunos podem ser incentivados a se posicionarem, decidirem junto com o professor os melhores caminhos, referenciais, datas de entrega e critérios de avaliação. Resumindo, podemos afirmar que devemos ter como meta o desenvolvimento da autonomia, sem, porém, pressupor que ela já está desenvolvida em todos os alunos. O processo de orientação das atividades, de supervisão do aprendizado, continua sendo papel do professor, mas de maneira interativa, dialógica e respeitosa.

Outro aspecto relevante segundo o olhar da andragogia é que o aluno adulto sempre precisa entender por que deve aprender algo, ele deseja relacionar os conteúdos com seu dia a dia, observando seu valor imediato. Se retomarmos a posição dos autores interacionistas (Capítulo 2 deste livro), veremos que eles também defendem a contextualização, a significação do conteúdo, as relações com a prática social e os seus problemas. Mas não se trata de abordar apenas os conteúdos "úteis" a curto prazo, e sim de mobilizar o aluno para uma aprendizagem que vá além do imediato, compreendendo a realidade de forma mais ampliada. Podemos destacar que nesse ponto o interacionismo tem uma posição diferente da andragogia, percebendo que o aprendiz, indiferentemente de sua idade, pode ser levado a querer aprender conteúdos que "simplesmente" o auxiliem a compreender melhor o mundo, mesmo que não sejam usados imediatamente como estratégia ou ferramenta de trabalho.

O próximo aspecto apresentado por Bellan (2005) é que o adulto aprende melhor quando relaciona os conteúdos com solução de problemas reais, que sejam significativos. Isso nos indica, mais uma vez, a importância da contextualização dos conteúdos, de problematizar a realidade como ponto de partida para disparar o interesse nos temas tratados em sala, mas como estratégia para a compreensão ampliada do real e, se possível, com vistas a uma intervenção nesse mesmo real. Afinal, o objetivo do aprendizado, segundo o interacionismo, não é apenas se adaptar à realidade existente, mas também questioná-la e nela intervir de modo a transformá-la.

Ainda segundo Bellan (2005), para a aprendizagem do adulto ser efetiva, é importante respeitar suas experiências de vida, tomá-las como base para o aprendizado. Sem dúvida, partir da prática social, como aponta o interacionismo, é compreender e deixar espaço em sala para que os alunos possam trazer suas vivências, experiências, dúvidas e certezas, para, juntos, professor e alunos, ressignificarem-na por meio dos novos conhecimentos trazidos pela leitura, pelas aulas, pelos filmes analisados etc.

Bellan (2005) afirma ainda que o adulto está pronto para aprender o que decide aprender, o que aponta para a importância da motivação. Segundo a autora, a motivação do adulto é muito mais interna, baseada em sua própria vontade de crescer. Gostaríamos de completar mostrando que, dadas às condições objetivas de vida, pode ocorrer de o aluno até estar disposto e motivado a fazer o curso no qual se matriculou, mas isso não significa, necessariamente, que está motivado para todos os temas ou todas as disciplinas. O utilitarismo do adulto muitas vezes o leva ao questionamento: "Para que vou usar isso?" e o impede de perceber as possibilidades de ampliação cultural e/ou de visão de mundo e da sua futura profissão. É preciso, nesse caso, lançar mão da motivação extrínseca, conforme expusemos anteriormente no Capítulo 3, para levar o aluno a se interessar pelo conteúdo. Fazer as relações entre o conteúdo específico de uma aula ou disciplina com o todo do curso e com a profissão são estratégias que se podem utilizar para esse objetivo.

Bellan (2005) recomenda também que as aulas sejam estruturadas em blocos curtos, já que o adulto teria pouco tempo de concentração num tema específico. Devemos compreender isso de maneira ampliada, ou seja, não se trata de oferecer pequenos blocos de conteúdos fragmentados, mas de mudar a estratégia no decorrer da aula para que o nível de atenção e concentração não diminua. Também no sentido de ampliar a compreensão do aprendido, a autora defende a necessidade de variar os estímulos, usando os diversos canais de contato com o mundo: visão, audição, além do "fazer", que poderíamos comparar ao uso do canal sinestésico (movimento). Como também já expusemos, há essa necessidade de usar estímulos variados, porém tendo como referência as características de cada turma e do conteúdo a ser trabalhado.

Embora a andragogia não se detenha nesse ponto, consideramos essencial ajudar o adulto a desenvolver a metacognição, ou seja, a compreensão que cada indivíduo tem sobre sua própria capacidade de aprender e de como funciona a sua estrutura de pensamento e a sua memória quando busca aprender algo. O desenvolvimento dessa autopercepção pode – e deve – ser incentivado pelo professor, assim como as técnicas de estudo adequadas aos diferentes conteúdos. O ensino superior hoje não é apenas o ensino dos conteúdos específicos de cada disciplina, mas também o raciocínio, a metodologia específica de aquisição do conhecimento em cada área.

É preciso ajudar o aluno a se autoconhecer, a perceber suas dificuldades e pontos fortes, as estratégias que utiliza para se manter atento e para reter o aprendizado. É isto que se chama de *autorregulação metacognitiva*: ser capaz de perceber quando precisamos estar mais atentos e no que e em que tipo de situação precisamos de mais ou de menos tempo para aprender, ou seja, regular conscientemente nossa aprendizagem. Embora só o próprio estudante seja capaz de realizá-lo, o apoio do professor fazendo-o perceber o que demandará mais esforço, e que tipo de esforço, pode contribuir para a melhoria da autopercepção do aluno.

Com efeito, se dermos atenção à complexidade do desenvolvimento do aluno, priorizando uma formação integral para os profissionais do ensino superior, e não somente cuidarmos de suas qualificações acadêmicas, nós nos depararemos com a necessidade da atenção dos professores em relação aos problemas educacionais. Sejam eles: escolha inadequada da profissão, desmotivação, problemas de relacionamento interpessoal, analfabetismo funcional (dificuldades de leitura/escrita e habilidades de raciocínio lógico matemático), dificuldades disciplinares, dificuldade de conciliar vida acadêmica, profissional e pessoal, entre outros.

Assim, muitos alunos no ensino superior necessitam do professor para interagir e interferir em suas atividades, fazendo uma mediação adequada, inclusive no aprendizado, já que o aluno adulto necessita de uma formação específica, com métodos e técnicas que incentivem a autonomia, a metacognição, o autoconhecimento e a autopercepção, articulando saberes, mobilizando pensamentos e afetos, enfim, envolvendo os alunos adultos no processo de ensino-aprendizagem.

Neste século XXI, é preciso vencer as resistências e abrir perspectivas e novos paradigmas para a educação humanística de adultos. Por conseguinte, na educação universitária é imprescindível que o professor valorize as experiências já trazidas pelos estudantes, unindo a esses conhecimentos prévios novos desafios na busca da formação integral do aluno adulto, por meio da perspectiva de uma "educação permanente" e "continuada".

Síntese

Neste capítulo, estudamos as contribuições da andragogia para o ensino superior, no modo de organizar as aulas, refletindo na educação e no processo de construção do conhecimento em alunos adolescentes e adultos.

Aprendemos que, segundo a andragogia, o estudante precisa ser compreendido pelo professor como sujeito da sua própria aprendizagem e que está em busca da autonomia, contudo nem todo aluno, somente pelo fato de ter "X" anos, é um adulto autônomo. Nesse sentido, destacamos que cabe ao professor incentivar e ajudar a desenvolver tal autonomia, por meio das aulas interativas, desencadeando as aprendizagens, criando condições para manifestações individuais e coletivas dos alunos, provocando movimentos metacognitivos etc., por meio dos quais o aluno se sinta capaz de refletir, intervir, perguntar, discordar. Também ressaltamos que, no planejamento de atividades, os alunos podem ser incentivados a se posicionarem, decidirem com o professor os melhores caminhos, referenciais, datas de entrega, critérios de avaliação etc.

Outro aspecto relevante segundo o olhar da andragogia, destacado neste capítulo, é que o aluno adulto sempre precisa entender por que deve aprender algo, pois ele deseja relacionar os conteúdos com suas vivências e com seu dia a dia, observando seu valor imediato. Por isso a necessidade de o professor valorizar as experiências de vida dos alunos, unindo a teoria e a prática para uma formação integral do adulto.

Dessa forma, com certeza o professor auxilia, e muito, os alunos no ensino superior. Além disso, é evidente que hoje se estabelece, para os docentes, uma relação entre a educação que se faz e a sociedade que se pretende formar – o que a sociedade precisa, no que a educação pode contribuir com essa coletividade –, pois está claro que os docentes são capazes de contribuir com uma sociedade e uma educação que se relacionem de maneira mais humanizadora, garantindo aos seres humanos a possibilidade de viverem num mundo melhor.

Indicação cultural

ESCRITORES da liberdade. Direção: Richard LaGravenese. Produção: Michael Shamberg, Stacey Sher e Danny DeVito. EUA/Alemanha: Paramount Pictures, 2007. 123 min.

> *Filme que retrata a luta de uma jovem professora, em início de carreira, que enfrenta com esperança e perseverança a realidade de uma escola pública com alunos adolescentes, de diferentes etnias, considerados incapazes intelectualmente e envolvidos em sérios conflitos pessoais e interpessoais (problemas de autoestima baixa, pobreza, humilhação social, brigas de gangues, assassinatos, usos de drogas, gravidez precoce, famílias desestruturadas etc.). Esse filme nos leva a pensar sobre preconceitos, diferenças, dificuldades de aprendizagem, esperança, dedicação à profissão docente, busca da autonomia e, principalmente, sobre a necessidade de uma formação humanística para jovens e adultos.*

Atividades de Autoavaliação

1. A andragogia:
   a) surgiu para se referir ao ensino de crianças.
   b) surgiu para se referir ao ensino de jovens e adultos.
   c) surgiu para se referir ao ensino de idosos.
   d) surgiu para se referir ao ensino de crianças especiais.

2. Indique a alternativa que **não** completa a sentença:
   A preocupação com a educação de adultos surgiu com a criação da Unesco, como sendo _____.
   a) um prolongamento antinatural do ensino.
   b) um aperfeiçoamento profissional e técnico, em todos os níveis, da graduação à pós-graduação.
   c) um meio de proteção do ser humano contra os efeitos desumanizantes da técnica e da propaganda.
   d) uma promoção do trabalho e uma reclassificação social, em termos de *status* e condições financeiras, para alguns adultos.

3. De acordo com os conceitos sobre a andragogia, estudados neste capítulo, indique a alternativa FALSA:
   a) Adulta é a pessoa capaz de tomar decisões, fazer escolhas, direcionar suas ações para perseguir seus objetivos.
   b) Adulta é a pessoa capaz de arcar com as consequências de seus atos e suas decisões.
   c) Todos os alunos do ensino superior agem como adultos, apesar de que elementos como disciplina e autonomia ainda precisam ser desenvolvidos, mesmo no ensino superior.
   d) Nem sempre nossos alunos terão toda a responsabilidade e disponibilidade para aprender que desejaríamos que tivessem.

4. A andragogia afirma que o adulto está em busca da autonomia, que não gosta de se sentir tutelado o tempo todo, pois é responsável por seus atos e decisões. De acordo com essa afirmação, indique a alternativa verdadeira:
   a) Todo aluno, pelo fato de ter "X" anos, é um adulto autônomo.
   b) Cabe exclusivamente ao professor incentivar e ajudar a desenvolver a autonomia.
   c) No planejamento de atividades, os alunos devem ser incentivados a se posicionarem, ou decidirem junto com o professor, referenciais, datas de entrega, critérios de avaliação etc. Isso cabe, exclusivamente, ao professor.
   d) Podemos afirmar que devemos ter como meta o desenvolvimento da autonomia, sem, porém, pressupor que ela já está desenvolvida em todos os alunos.

5. Um aspecto relevante segundo a andragogia é a metacognição. De acordo com essa afirmação, indique a alternativa verdadeira em relação ao conceito de metacognição:
   a) É a compreensão que cada indivíduo tem sobre a capacidade de aprender dos colegas.
   b) É a compreensão que cada indivíduo tem sobre sua própria capacidade de aprender.
   c) É a compreensão que um grupo tem sobre como funciona a sua estrutura de pensamento e memória quando buscam aprender algo.
   d) É a compreensão que o professor tem sobre como funciona a estrutura de pensamento e a memória dos alunos.

Atividades de Aprendizagem

Questões para Reflexão

Reflita sobre a questão 3 das **Atividades de autoavaliação**. De acordo com as afirmações apresentadas, responda às seguintes questões:

1. Você se considera uma pessoa madura o suficiente para assumir seus atos perante a sociedade? Explique.

2. Você se considera uma pessoa que tem plena consciência de suas ações e pode tomar decisões responsáveis? Explique.

3. Explique a seguinte afirmação: "Nem todos os alunos do ensino superior agem como adultos, elementos como disciplina e autonomia ainda precisam ser desenvolvidos, mesmo no ensino superior".

Atividade Aplicada: Prática

1. Analise os seus alunos do ensino superior (caso você ainda não lecione no ensino superior, resgate suas memórias da graduação ou pós-graduação), refletindo sobre seus atos em sala de aula. A seguir, faça um quadro comparativo das posturas e das atitudes que você considera de pessoas maduras, que agem como adultos, com autonomia, responsabilidade e disponibilidade para aprender, e posturas e atitudes que você considera imaturas ou irresponsáveis.

Capítulo 5

Neste capítulo, já na reta final de nossos estudos, abordaremos a formação, o planejamento e a atuação docente no ensino superior e destacaremos as exigências e os desafios da formação universitária na atualidade, na qual o professor surge como o mediador do processo de ensino-aprendizagem.

A prática docente no ensino superior: formação, planejamento e atuação

Até aqui, conversamos sobre muitos conceitos, sobre as diferentes concepções de desenvolvimento e de aprendizagem, quando defendemos as concepções interacionistas, as quais compreendem que há interdependência entre o sujeito e o meio sociocultural, que nenhum dos dois se sobrepõe ao outro. Vimos as teorias de grandes estudiosos que influenciaram a educação, não só no Brasil, mas em todo o mundo. Referimo-nos também às contribuições da andragogia para o ensino de adultos, assim como aos problemas que permeiam esse conceito; ressaltamos a concepção sócio-histórica e a importância da inter-relação entre os seres humanos para o desenvolvimento e a aprendizagem.

Refletimos também sobre a realidade do ensino superior na atualidade e as influências dessas teorias em nossa prática. Pensamos, ainda, sobre os conceitos de memória, inteligência, criatividade e motivação, ressaltando a dimensão afetiva e a relação entre os aspectos afetivos, cognitivos e motores e sua importância crucial no processo de ensino-aprendizagem.

Neste capítulo, encerraremos nossos estudos tratando da formação, do planejamento e mostrando, também, a atuação do docente como mediador no ensino superior.

5.1 Exigências da formação universitária e aprendizagem

Como grande parte dos professores de ensino superior é formada em uma área específica (administração, direito, psicologia etc.), e não na área de educação, em algumas situações as discussões sobre os objetivos do ensino superior e seus desdobramentos no dia a dia em sala de aula não chegam a ser feitas. Dito de outro modo, há situações nas quais o professor ensina do modo como ele aprendeu, muitos anos antes. Nem sempre a instituição favorece a reflexão conjunta sobre os objetivos da educação superior e cada um age "do jeito que sabe".

A consequência disso é que as concepções de desenvolvimento descritas anteriormente – inatismo, behaviorismo e interacionismo – aparecem em nossas falas e práticas de maneira confusa, misturada, sincrética. Há uma forte tendência à reprodução de modos de fazer e pensar já consolidados no decorrer dos tempos, sem que haja a necessária reflexão sobre as exigências da formação profissional na atualidade.

É sabido que nos últimos 20 anos ocorreram mudanças significativas na sociedade, desde a aceleração do processo de globalização até a descoberta de novas teorias e soluções tecnológicas, passando por mudanças na organização do trabalho (do taylorismo-fordismo ao toyotismo).

Essas mudanças impedem que pensemos a educação do mesmo modo como fazíamos há alguns anos. Tanto o mundo do trabalho quanto a vida em sociedade exigem outras competências, saberes e habilidades, que não são alcançados por meio da memorização de conceitos não significativos. Portanto, as demandas da atualidade nos indicam a necessidade de revermos algumas questões relativas à formação, ao planejamento e à atuação docente no ensino superior.

Com a Lei nº 5.540/1968, conhecida como a Lei da Reforma Universitária, e a Lei de Diretrizes e Bases da Educação Nacional (LDBEN), Lei nº 5.692/1971, a formação de professor ganhou destaque. Nesse período, da década de 1970, segundo Oliveira (citado por Mancebo, 2007, p. 467), "desenvolveram-se muitas pesquisas na área de trabalho e educação", multiplicando os estudos sobre "o trabalho do professor, tendo como temas centrais a natureza do trabalho docente, a teoria da mais-valia e sua aplicabilidade ou não nas escolas, o caráter improdutivo do trabalho escolar e a suposta autonomia e/ou alienação do docente". Nessa fase, uma predominância de orientação marxista se destacou, valorizando a práxis* e explicitando a preocupação com o sistema ideológico vigente. Esse movimento vai ao encontro do conceito de competência técnico-pedagógica trazido pela Escola Nova por volta de 1930 e atingindo seu auge como tendência educacional presente no cenário nacional na década de 1960, de acordo com Saviani (2006).

No início da década de 1980, o debate entre a competência técnica e o compromisso político se acirrou. Segundo Nosella (2007, p. 27):

> *fervia entre os educadores o debate sobre o compromisso político e a competência técnica. Polemizava-se contra a dicotomia entre o educador-político e o educador-técnico. A conjuntura política foi a*

* Entendemos a práxis como atividade prático-crítica, inspirados em Marx; Engels, 1980.

oportunidade para a explosão daquele debate: os governos militares, forçados a passar o poder aos civis, haviam enfatizado a dimensão tecnológica, as competências específicas e a prática do ensino como treinamento; ao contrário, a emergente democracia destacava o sentido e a necessidade do engajamento político da prática científico-pedagógica.

Ainda no início da década de 1980, Saviani (1983) publicou o texto "Competência política e compromisso técnico ou (o pomo da discórdia e o fruto proibido)", que trata sobre a polêmica entre a competência técnica e o compromisso político, suscitada pelo "debate" entre Nosella (1983) e Mello (1982).

Saviani (2005, p. 48) ainda retomou a discussão, em *Pedagogia histórico-crítica: primeiras aproximações*, afirmando que "o compromisso político não exclui a competência técnica", pois tais dimensões convergem para um mesmo ponto se constituindo como unidade dialética. Assim, ao mesmo tempo em que essas dimensões se opõem, reciprocamente, elas se constituem como unidade na ação pedagógica. Saviani (2005, p. 29) advertia que a competência técnica defendida por Mello não se justapõe à pedagogia tecnicista, mas, ao contrário, "compreende o domínio teórico e prático dos princípios e conhecimentos que regem a instituição escolar".

Segundo Soares, citado por Mancebo (2007, p. 467), na década de 1990 o trabalho docente

> *passa a ser pesquisado e articulado às investigações sobre a formação docente e sua "profissionalização". Ocorre uma ressignificação da formação docente, de modo que o desenvolvimento das competências passa a ser a principal tarefa da formação e os "saberes da prática" e "conhecimentos tácitos" assumem lugar central na definição da própria ação pedagógica, em detrimento do conhecimento teórico/científico.*

Assim, as questões que envolvem a formação e a prática docente vêm tomando corpo e estão, atualmente, no foco das discussões educacionais, não só no Brasil como também em toda a América Latina e em vários países do mundo, tais como: Portugal, França, Suíça, Canadá, Estados Unidos, entre outros. A crise mundial pela qual passamos com relação à profissão docente tem repercutido na definição, ou melhor, na indefinição da especificidade de ser professor ou, ainda, na indefinição do papel docente perante os desafios e as tensões da pós-modernidade.

Contudo, segundo dados da Unesco (2009), há mais de 60 milhões de professores no mundo. Fato que torna a classe de professores "a empresa" mais numerosa no ranking mundial, proporcionando-nos, assim, uma percepção sobre a dimensão e a importância dessa categoria.

A partir da LDBEN promulgada em 20 de dezembro de 1996 (Lei nº 9.394/1996*), passou-se a apontar a formação dos professores como pauta explícita das políticas públicas dos governos federal, estaduais e municipais. A LDBEN 1996 utiliza a expressão *profissionais da educação* repetidas vezes ao longo do texto, indicando, assim, uma possível orientação da própria lei para tratar mais profissionalmente os professores, educadores ou mestres que trabalham nos diferentes níveis do magistério brasileiro. Além disso, essa lei determina no art. 62 que a formação de docentes para atuar na educação básica seja realizada em nível superior, de graduação plena, em universidades e institutos superiores de educação.

Em relação ao ensino superior, a LDBEN/1996 apresenta, em seu art. 43, as finalidades da educação superior:

> *I – estimular a criação cultural e o desenvolvimento do espírito científico e do pensamento reflexivo;*

---

* Para ler na íntegra o texto da Lei nº 9.394/1996, acesse: <http://www.planalto.gov.br/ccivil_03/LEIS/l9394.htm>.

II – *formar diplomados nas diferentes áreas de conhecimento, aptos para a inserção em setores profissionais e para a participação no desenvolvimento da sociedade brasileira, e colaborar na sua formação contínua;*

III – *incentivar o trabalho de pesquisa e investigação científica, visando o desenvolvimento da ciência e da tecnologia e da criação e difusão da cultura, e, desse modo, desenvolver o entendimento do homem e do meio em que vive;*

IV – *promover a divulgação de conhecimentos culturais, científicos e técnicos que constituem patrimônio da humanidade e comunicar o saber através do ensino, de publicações ou de outras formas de comunicação;*

V – *suscitar o desejo permanente de aperfeiçoamento cultural e profissional e possibilitar a correspondente concretização, integrando os conhecimentos que vão sendo adquiridos numa estrutura intelectual sistematizadora do conhecimento de cada geração;*

VI – *estimular o conhecimento dos problemas do mundo presente, em particular os nacionais e regionais, prestar serviços especializados à comunidade e estabelecer com esta uma relação de reciprocidade;*

VII – *promover a extensão, aberta à participação da população, visando à difusão das conquistas e benefícios resultantes da criação cultural e da pesquisa científica e tecnológica geradas na instituição.*

Para atingir essas metas propostas pela LDBEN/1996, o professor surge como mediador do processo de ensino-aprendizagem no ensino superior. Contudo, para que realmente aconteça a **mediação**, torna-se fundamental que o professor seja dotado de competências pedagógicas, estéticas, avaliativas, técnicas, pessoais, éticas e sociopolíticas. Isso irá depender de uma formação adequada, adquirida na educação superior, para o exercício da profissão, como regulamenta a LDBEN/1996: "Art. 66. A preparação para o exercício do magistério superior far-se-á em nível de pós-graduação [...]".

Entendemos esse processo de mediação do ensino como a dialética entre o ensino e a aprendizagem, levando em conta as questões internas e externas que envolvem esse processo, que deve considerar, ainda, aspectos cognitivos, pedagógicos, afetivos, socioculturais e, sobretudo, humanos.

É por isso que a reflexão sobre o trabalho docente exige cada vez mais que nos questionemos sobre os interesses que orientam nossas práticas e concepções educativas, bem como os meios pelos quais procuramos atingi-los, deixando claras as finalidades que regem nossas ações em sala de aula.

Nessa perspectiva, o professor deve sempre planejar cada etapa da sua aula, com início, meio e fim, ou seja, prevendo um ponto "x" ao qual se pretende que o aluno adulto chegue ao final de cada aula, não contando, assim, apenas com a possibilidade de que os *insights* e as descobertas ocorram naturalmente nesse estudante. Parte-se do pressuposto de que as situações de aprendizagem devem ser programadas para provocar situações de desequilíbrios e conflitos cognitivos (como estudamos no Capítulo 2, na teoria piagetiana).

Para Feuerstein, citado por Garcia (2009),

> *o professor (mediador) não deve ser somente ativo, mas interativo, porque constitui conhecimentos e se constitui a partir de relações inter e intrapessoais. Feuerstein chama a atenção para o processo de interação afirmando que não é qualquer interação que proporciona aprendizagem, é necessário que o professor atue como um planejador, questionador e que esteja bastante atento às manifestações dos sujeitos, para saber situá-los evolutivamente e perceber as zonas de desenvolvimento proximal.*

É importante salientar que, segundo esse raciocínio, é exatamente na ZDP em que o professor atua. Ele apoia, auxilia o aluno, instiga a novas compreensões sobre um tema, "media" a aprendizagem e o acesso aos conteúdos que até então o aprendiz ainda não compreendia. É por isso que, segundo Vygotsky, a **mediação** é uma categoria central (Rego, 1995). É por meio da **mediação do outro** (como estudamos no Capítulo 2 – no caso, do professor e dos demais alunos – que o aprendiz consegue passar de uma visão confusa, de senso comum sobre um conteúdo, para uma visão mais orgânica, científica.

Nessa perspectiva, em uma instituição de ensino superior, é de fundamental importância citar alguns exemplos de formas de atuação do professor como mediador do processo de ensino-aprendizagem do aluno adulto:

- ~ Planejar as aulas adequadamente, organizando e estudando o material a ser utilizado, assim como os objetivos a serem atingidos, calculando o tempo necessário para cada conteúdo, selecionando adequadamente os textos a serem trabalhados, definindo previamente as formas de avaliação do processo etc.
- ~ Proporcionar um olhar individual ao grupo de alunos, oferecendo um espaço de suporte visando adaptação à vida acadêmica no ensino superior.
- ~ Contribuir para a formação integral, continuada e permanente do aluno, levando em consideração os aspectos humanos, sociais, históricos, culturais, emocionais, cognitivos, metacognitivos, éticos, estéticos e políticos da formação do adulto.
- ~ Minimizar as dificuldades que estejam comprometendo e/ou impedindo o desenvolvimento pessoal (problemas de relacionamento interpessoal e acadêmicos do aluno).
- ~ Procurar promover o melhor uso do tempo e do espaço, a elaboração de uma agenda e tudo aquilo que é necessário ao "como estudar" (como ler um texto, como escrever, como fazer fichamentos, como estudar para as avaliações, como preparar seminários, resumos, resenhas, trabalhos acadêmicos em geral etc.).

~ Promover um espaço de permanente diálogo e debate com os alunos, visando aproveitar seus conhecimentos prévios e estabelecer parceria para a construção de estratégias adequadas de ensino-aprendizagem.

Os professores de instituições de ensino superior irão trabalhar as relações de parceria, a maneira das pessoas se comunicarem, o que é dito e o não dito e, principalmente, o processo de ensino-aprendizagem, desmistificando a ideia de que ao professor de adultos cabe apenas trabalhar conceitos sem se preocupar com os outros elementos que favorecem ou dificultam a aprendizagem.

Assim, o processo de construção do trabalho do professor no nível superior é gradual, pois não se trata de simples reprodução, é importante coordenar operações no sentido da evolução constante do aluno adulto em seu caminho profissional e em sua vida acadêmica e pessoal. Por isso a relevância da **mediação** na construção do conhecimento e da aprendizagem do aluno adulto.

Síntese

Neste último capítulo, encerramos nossos estudos tratando da formação, do planejamento e falando também da atuação do docente como mediador no ensino superior. Verificamos que, a partir da LDBEN/1996, a formação dos professores ganhou destaque nas políticas dos governos federal, estaduais e municipais, dando enfoque aos profissionais da educação.

Constatamos que o professor é o principal mediador do processo de ensino-aprendizagem, por conseguinte, ele deve se preparar com métodos, técnicas e estratégicas apropriados para esse fim, mas sem esquecer das outras dimensões da docência (pedagógica, política, ética, estética, social, pessoal, etc.), em sua necessidade de articular os saberes teóricos a outras questões presentes em sala de aula, tais como afetos, cognição, relacionamento interpessoal e acadêmico e a complexidade que envolve os alunos adultos, sempre tendo como base o pressuposto de que é fundamental criar espaços de discussão e reflexão.

Dessa forma, evidencia-se a necessidade de instrumentalizar os futuros professores para lidar com as diversas situações didáticas, considerando que as práticas educativas estão intrinsicamente ligadas ao contexto social.

Indicação cultural

ENTRE os muros da escola. Direção: Laurent Cantet. Produção: Caroline Benjo, Carole Scotta, Barbara Letellier e Simon Arnal. França: Sony Pictures Classics/Imovision, 2008. 128 min.

> *Filme vencedor da Palma de Ouro no Festival de Cannes de 2008 e do prêmio Lumière de melhor filme, retrata a história de um professor que dá aulas em uma escola do subúrbio de Paris, mostrando sua relação com os alunos, a luta por ensinar algo a eles, seu dia a dia na sala de aula, os conflitos, as dificuldades, as relações dos alunos entre eles e com os professores.*

Atividades de Autoavaliação

1. De acordo com a LDBEN, promulgada em 20 de dezembro de 1996 (Lei nº 9.394/1996), em seu art. 43, qual das alternativas a seguir é **incorreta** quanto às finalidades da educação superior?
   a) Estimular a criação cultural e o desenvolvimento do espírito científico e do pensamento reflexivo.

b) Incentivar o trabalho de pesquisa e investigação científica, visando ao desenvolvimento da ciência e da tecnologia e à criação e difusão da cultura.

c) Suscitar o desejo permanente de aperfeiçoamento cultural e profissional e possibilitar a correspondente concretização, integrando os conhecimentos que vão sendo adquiridos numa estrutura intelectual sistematizadora do conhecimento de cada geração.

d) Promover a extensão, fechada à participação da população, visando à reclusão das conquistas e aos benefícios resultantes da criação cultural e da pesquisa científica e tecnológica geradas na instituição.

2. Ainda em relação às finalidades da educação superior (Lei n° 9.394/1996, art. 43), indique se as afirmativas são verdadeiras (V) ou falsas (F):

( ) Formar diplomados nas diferentes áreas de conhecimento, aptos para a inserção em setores profissionais sem foco na formação contínua.

( ) Promover a divulgação de conhecimentos culturais, científicos e técnicos que constituem patrimônio da humanidade e arquivar o saber por meio do bancos de dados ou de outras formas de armazenamento.

( ) Estimular o conhecimento dos problemas do mundo presente, em particular os nacionais e os regionais.

( ) Prestar serviços especializados à comunidade e estabelecer com esta uma relação de reciprocidade.

3. O professor, como mediador do processo de ensino-aprendizagem do aluno adulto, deve atuar tendo em vista os seguintes objetivos, **exceto** (marque a alternativa **incorreta**):

a) Proporcionar um olhar individual ao grupo de alunos, oferecendo um espaço de suporte visando adaptação à vida acadêmica no ensino superior.

b) Contribuir para a formação integral, do aluno adulto, considerando os aspectos sociais, emocionais, subjetivos e relacionais implicados no exercício de sua formação.
c) Ampliar as dificuldades para potencializar cada vez mais o desenvolvimento pessoal.
d) Promover espaço de permanente diálogo e debate com os alunos, visando aproveitar seus conhecimentos prévios e estabelecer a parceria para a construção de estratégias adequadas de ensino-aprendizagem.

4. Ao professor de adultos cabe:
   a) apenas trabalhar conceitos sem se preocupar com os outros elementos que favorecem ou dificultam a aprendizagem.
   b) trabalhar além dos conceitos, preocupando-se com os outros elementos que favorecem ou dificultam a aprendizagem.
   c) trabalhar com exemplos do cotidiano sem se preocupar com os outros elementos que favorecem ou dificultam a aprendizagem.
   d) trabalhar o conteúdo do livro sem se preocupar com os outros elementos que favorecem ou dificultam a aprendizagem.

5. O processo de construção do trabalho do professor no nível superior **não** é:
   a) gradual.
   b) reprodutivo.
   c) mediador.
   d) construtivo.

Atividades de Aprendizagem

Questões para Reflexão

1. Quais as características do professor mediador apontadas neste capítulo?

2. Pesquise em outros materiais (livros, *sites*, artigos, revistas etc.) sobre o professor **mediador** e aponte definições e características levantadas por outros autores sobre esse tema.

Atividade Aplicada: Prática

1. Reflita sobre a afirmação: "O processo de construção do trabalho do professor no nível superior é gradual, pois não se trata de simples reprodução, é importante coordenar operações no sentido da evolução constante do aluno adulto em seu caminho profissional e em sua vida acadêmica e pessoal". Com base em suas reflexões e estudos até aqui, faça o planejamento de uma aula para seus alunos (se ainda não leciona no ensino superior, faça um planejamento hipotético). Seu planejamento deve conter: temática central, objetivos, desenvolvimento (conceitos e ideias principais sobre o tema escolhido, fundamentados em conhecimentos teóricos e práticos), síntese, atividades culturais, atividades de autoavaliação, atividades aplicadas práticas e referências.

Considerações finais

Ao longo desta obra, apresentamos e analisamos importantes conceitos relacionados ao processo de ensino-aprendizagem do aluno adulto, destacando as concepções de importantes estudiosos, como: Freud, Skinner, Freire, Piaget, Vygotsky, Wallon, entre outros, considerando suas implicações para a educação de adultos e aprofundando, assim, os nossos conhecimentos sobre o processo de ensino-aprendizagem no ensino superior.

Destacamos a compreensão desse processo com base em uma perspectiva histórico-social, investigando a constituição da prática docente – o professor como o **mediador** – no ensino superior, por meio da formação, do planejamento e da atuação deste.

Além disso, refletimos sobre a necessidade da educação "permanente", "continuada" e "integral" do aluno adulto no ensino superior, diante das dificuldades e das exigências constantes de uma formação profissional e pessoal, mas também para trazer para as nossas instituições educacionais o caráter humanístico que distinguirá a sociedade do terceiro milênio. Temos total consciência de que não chegamos com este livro a uma forma definitiva ou receita para lecionar nas faculdades e universidades brasileiras, pois demandas específicas relacionadas ao contexto socioeducativo deste imenso país exigirão de cada professor mais que métodos, técnicas e estratégias de ensino. Há de se criar um caminho próprio, com autonomia e perseverança para vencer os desafios constantes impostos à educação brasileira e, em particular, ao processo de ensino-aprendizagem de adultos.

Por essa razão, apesar desse caminho próprio, é necessário continuar realizando um trabalho coletivo, por meio de constante atualização e intercâmbio de ideias, informações e conhecimentos, que deem subsídios para uma práxis pedagógica consciente e significativa, que possa ajudar na transformação das condições de ensino-aprendizagem em nossas instituições, renovando, a cada dia, a prática docente no ensino superior e a nossa esperança nessa antiga profissão, capaz de contribuir na constituição de uma sociedade caracterizada por equidade e justiça. Acreditamos que a educação é um dos processos mais importantes de formação social do sujeito e que o ensino superior deve cumprir efetivamente com sua tarefa de ensinar e de formar cidadãos ativos, críticos e conscientes.

Glossário*

Alienado – Um homem sem consciência de si, sem autonomia, que aceita as coisas que lhe são impostas sem compreendê-las ou questioná-las.

Autonomia – Capacidade da pessoa plena e perfeitamente consciente de si, que faz suas próprias escolhas e assume as consequências de seus atos. O contrário de heteronomia.

* Glossário elaborado com base em Ferreira, 1977.

Extrínseco – Que não pertence à essência de algo ou de uma pessoa.

Filosofia dialética – A dialética ressalta que a realidade não é estática, mas dinâmica, sempre em movimento, que se faz no embate e na superação de contradições. Nesse caráter contraditório do processo, o velho é negado e incorporado ao novo, transformando-se em novas possibilidades de vir a ser no mundo.

Filosofia empirista – Essa perspectiva filosófica nega a existência de ideias inatas e defende que o processo de conhecimento depende da experiência. Para os empiristas, o conhecimento humano provém de duas fontes básicas: a percepção do mundo externo (atenção) e o exame da nossa atividade mental (reflexão).

Filosofia idealista – Para um filósofo idealista, a ideia determina a materialidade, ou seja, as ideias são o que fundam a realidade e aperfeiçoam a matéria no mundo.

Heteronomia – Ocorre quando a percepção que a pessoa tem do mundo depende de algo externo a ela, ou seja, depende dos outros. O contrário de autonomia.

Insights – Discernimento intelectual; intuição; introspecção.

Intrínseco – Inseparavelmente ligado a uma pessoa ou a algo. Que está dentro de uma pessoa ou coisa e lhe é próprio, íntimo.

Neurocientistas – Estudam o sistema nervoso e sua capacidade de desenvolvimento e regeneração (plasticidade cerebral).

Patológico – Patologia vem de *pathos* (grego), que pode significar "paixão, passividade, padecer". Em geral, o termo patológico está associado à doença e não raramente às doenças mentais.

Quociente de Inteligência (Q.I.) – O conceito de Q.I. foi introduzido por Stern, mas ficou famoso a partir de um teste que nos permite medi-lo e que foi apresentado por Binet em 1905. Esse teste, usado ainda hoje por alguns psicólogos, consiste em responder certo número de questões de raciocínio lógico-matemático em um tempo cronometrado. É importante salientar que o teste de Q.I. mede apenas algumas das capacidades mentais de um ser humano.

Sincretismo – Mistura, miscigenação, junção, união, mescla. Por exemplo: no Brasil, há, em diversos estados, um sincretismo religioso, ou seja, há uma mistura de várias religiões, que coexistem numa mistura de credos e crenças baseadas na fé.

Taylorismo-fordismo – Sistemas de organização administrativa da produção em série, por meio da automatização do trabalho.

Toyotismo – Sistema de organização da produção baseado em uma resposta imediata às variações da demanda, por meio da organização flexível do trabalho – a produção de pequenos lotes de produtos variados –, buscando-se atender a diferentes nichos do mercado.

Referências

Bellan, Z. S. **Andragogia em ação**: como ensinar adultos sem se tornar maçante. Santa Bárbara d'Oeste: Socep, 2005.

Bock, A. M. B. **Aventuras do barão de Munchausen na psicologia**. São Paulo: Cortez/Fapesp, 1999.

Bock, A. M. B.; Furtado, O.; Teixeira, M. L. T. **Psicologias**: uma introdução ao estudo de psicologia. São Paulo: Saraiva, 1991.

Bock, A. M. B.; Gonçalves, M. da G. M.; Furtado, O. (Org.). **Psicologia socio-histórica**: uma perspectiva crítica em psicologia. São Paulo: Cortez, 2007.

BRASIL. Lei n. 5.540, de 28 de novembro de 1968. **Diário Oficial da União**, Poder Legislativo, Brasília, DF, 23 nov. 1968.

_____. Lei n. 5.692, de 11 de agosto de 1971. **Diário Oficial da União**, Poder Legislativo, Brasília, DF, 12 ago. 1971.

_____. Lei n. 9.394, de 20 de dezembro de 1996. **Diário Oficial da União**, Poder Legislativo, Brasília, DF, 23 dez. 1996.

CAVALCANTI, R. A. Andragogia: a aprendizagem dos adultos. **Revista de Clínica Cirúrgica da Paraíba**, João Pessoa, ano 4, n. 6, jul. 1999.

CAVALCANTI, R. A.; GAYO, M. A. F. da S. Andragogia na educação universitária. **Conceitos**, João Pessoa, n. 11, p. 44-51, jul. 2005.

CHARLOT, B. A pesquisa educacional entre conhecimentos, políticas e práticas: especificidades e desafios de uma área de saber. **Revista Brasileira de Educação**, Rio de Janeiro, v. 11, n. 31, jan./abr. 2006.

COSTA, M. L. A. **Piaget e a intervenção psicopedagógica**. São Paulo: Olho d'Água, 2003.

DANIELS, H. (Org.). **Uma introdução a Vygotsky**. São Paulo: Loyola, 2002.

DAVIS, C. Piaget ou Vygotsky: uma falsa questão. **Viver**: Mente e Cerébro, São Paulo, 2005. (Coleção Memória da Pedagogia, n. 2).

DELORS, J. (Org.). Educação: um tesouro a descobrir. **Relatório para a Unesco da Comissão Internacional sobre Educação para o século XXI**. 4. ed. São Paulo: Cortez; Brasília: MEC/Unesco, 1999.

FERREIRA, A. B. de H. **Minidicionário da língua portuguesa**. Rio de Janeiro: Nova Fronteira, 1977.

FREIRE, P. **Ação cultural para a liberdade e outros escritos**. 12. ed. São Paulo: Paz e Terra, 2007a.

Freire, P. **Educação e mudança**. 30. ed. Rio de Janeiro: Paz e Terra, 2007b.

_____. **Pedagogia da autonomia**: saberes necessários à prática educativa. 3. ed. São Paulo: Paz e Terra, 1997.

Freud, S. **Obras completas de Sigmund Freud**. Rio de Janeiro: Imago, 1974.

Furter, P. **Educação e vida**. Petrópolis: Vozes, 1973.

Garcia, S. **Mediação da aprendizagem e a educação do futuro**. Disponível em: <http://www.menteinovadora.com.br/parceiros/artigo01.html>. Acesso em: 17 nov. 2009.

Hoirisch, A.; Barros, D. I. M.; Souza, I. S. **Orientação psicopedagógica no ensino superior**. São Paulo: Cortez, 1993.

La Taille, Y.; Dantas, H.; Oliveira, M. K. **Piaget, Vygotsky e Wallon**: teorias psicogenéticas em discussão. São Paulo: Summus, 1992.

Leontiev, A. **O desenvolvimento do psiquismo**. Lisboa: Livros Horizonte, 1978.

Mahoney, A.; Almeida, L. de. Afetividade e processo ensino-aprendizagem: contribuições de Henri Wallon. **Psicologia da Educação**, São Paulo, 1. sem., n. 20, p. 11-30, 2005.

Mahoney, A.; Almeida, L. de (Org.). **Henri Wallon**: psicologia e educação. São Paulo: Loyola, 2005.

Mancebo, D. Agenda de pesquisa e opções teórico-metodológicas nas investigações sobre trabalho docente. **Educação e Sociedade**, Campinas, v. 28, n. 99, p. 466-482, maio/ago. 2007.

Marx, K.; Engels, F. **A ideologia alemã**. 2. ed. Lisboa: Moraes Editores, 1980. v. 2.

MEIER, M.; GARCIA, S. **Mediação da aprendizagem**: contribuições de Feuerstein e Vygotsky. 2. ed. Edição dos autores. Curitiba: [s.n.], 2007.

MELLO, G. N. **Magistério de 1º grau**: da competência técnica ao compromisso político. São Paulo: Cortez; Campinas: Autores Associados, 1982.

MUCCHIELLI, R. **A formação de adultos**. São Paulo: M. Fontes, 1981.

NOGUEIRA, M. O. G. **A presença da dimensão sociopolítica no trabalho de formação do docente-formador**. 2008. 133 f. Dissertação (Mestrado em Psicologia da Educação) – Pontifícia Universidade Católica de São Paulo, São Paulo, 2008.

NOSELLA, P. Compromisso político como horizonte da competência técnica. **Educação e Sociedade**, Campinas, n. 14, p. 91-97, 1983.

_____. Compromisso político e competência técnica: vinte anos depois. In: ORSO, P. (Org.). **Educação, sociedade de classes e reformas universitárias**. Campinas: Autores Associados, 2007.

NUNES, A. I.; SILVEIRA, R. N. **Psicologia da aprendizagem**: processos, teorias e contextos. Fortaleza: Liber Livro, 2008. (Série Formar).

OLIVEIRA, M. K. **Vygotsky**: aprendizado e desenvolvimento – um processo sócio-histórico. São Paulo: Scipione, 1993.

OLIVEIRA, M. K.; REGO, T. C. Vygotsky e as complexas relações entre cognição e afeto. In: ARANTES, V. A. (Org.). **Afetividade na escola**: alternativas teóricas e práticas. São Paulo: Summus, 2003.

PIAGET, J. **A epistemologia genética**; **Sabedoria e ilusões da filosofia**; **Problemas de psicologia genética**. Tradução de Nathanael C. Caixeiro, Zilda A. Daeir e Célia E. A. Di Pietro. São Paulo: Abril Cultural, 1978a. (Coleção Os Pensadores).

PIAGET, J. **A formação do símbolo na criança**: imitação, jogo e sonho, imagem e representação. Rio de Janeiro: J. Zahar, 1978b.

_____. **A linguagem e o pensamento da criança**. Tradução de Manuel Campos. Rio de Janeiro: Fundo de Cultura, 1959.

_____. **Psicologia e pedagogia**. Tradução de Dirceu Accioly Lindoso e Rosa Maria Ribeiro da Silva. Rio de Janeiro: Forense, 2006.

PLACCO, V. M. N. S.; SOUZA, V. L. T. (Org.). **Aprendizagem do adulto professor**. São Paulo: Loyola, 2006.

POZO, J. I. **Aprendizes e mestres**: a nova cultura da aprendizagem. Tradução de Ernani Rosa. Porto Alegre: Artmed, 2002.

PULASKY, M. A. S. **Compreendendo Piaget**: uma introdução ao desenvolvimento cognitivo da criança. Tradução de Vera Ribeiro. Rio de Janeiro: LTC, 1980.

RAPPAPORT, C. R. et al. **Psicologia do desenvolvimento**. São Paulo: EPU, 1981. 4 v.

REGO, T. C. **Vygotsky**: uma perspectiva histórico-cultural da educação. 2. ed. Petrópolis: Vozes, 1995.

SAVIANI, D. Competência política e compromisso técnico ou (o pomo da discórdia e o fruto proibido). **Educação e Sociedade**, São Paulo, v. 5, n. 15, p. 111-143, ago. 1983.

_____. **Escola e democracia**: teorias da educação, curvatura da vara, onze teses sobre educação e política. 38. ed. Campinas: Autores Associados, 2006.

_____. **Pedagogia histórico-crítica**: primeiras aproximações. 9. ed. Campinas: Autores Associados, 2005.

SILVA, F. G.; DAVIS, C. Conceitos de Vigotski no Brasil: produção divulgada nos Cadernos de Pesquisa. **Cadernos de Pesquisa**, São Paulo, v. 34, n. 123, set./dez. 2004.

SKINNER, B. F. **Tecnologia do ensino**. São Paulo: EPU, 1975.

SOUZA, M. T. C. C. de. O desenvolvimento afetivo segundo Piaget. In: ARANTES, V. A. (Org.). **Afetividade na escola**: alternativas teóricas e práticas. São Paulo: Summus, 2003.

STOLTZ, T. **Interação social e tomada de consciência da noção de conservação da substância de peso**. 2001. 201 f. Tese (Doutorado em Psicologia da Educação) – Pontifícia Universidade Católica de São Paulo, São Paulo, 2001.

UNESCO – United Nations Educational, Scientific and Cultural Organization. **"Teachers are the Cornerstone of Education for Sustainable Development," says Unesco Director-General at Bonn World Conference**. Apr. 2009. Disponível em: <http://www.unesco.org/en/teacher-education/single-view/news/teachers_are_the_cornerstone_of_education_for_sustainable_development_says_unesco_director_ge/back/10435>. Acesso em: 10 nov. 2009.

VARELLA, D. **Plasticidade cerebral**. Disponível em: <http://www.drauziovarella.com.br/artigos/plastcerebral.asp>. Acesso em: 11 nov. 2009.

VYGOTSKY, L. S. **A formação social da mente**. 4. ed. São Paulo: M. Fontes, 1991.

ZANOTTO, M. L. B.; MOROZ, M.; GIÓIA, P. S. **Behaviorismo radical e educação**. ago. 2008. Disponível em: <http://www.redepsi.com.br/portal/modules/smartsection/item.php?itemid=1257>. Acesso em: 11 nov. 2009.

Bibliografia comentada

BOCK, A. M. B.; FURTADO, O.; TEIXEIRA, M. L. T. **Psicologias**: uma introdução ao estudo de psicologia. São Paulo: Saraiva, 1991.
> *Este livro é uma introdução à psicologia, apresentando ao leitor sua história, as diferentes concepções teóricas, as áreas de conhecimento e atuação profissional, além de indicações de bibliografia, filmes, leituras complementares, questionários e atividades em grupo.*

FREIRE, P. **Pedagogia da autonomia**: saberes necessários à prática educativa. 3. ed. São Paulo: Paz e Terra, 1997.

A obra de Freire, considerado um dos maiores educadores brasileiros, aborda a docência e suas exigências e especificidades, fundamentando uma pedagogia da ética, do respeito à dignidade e à autonomia do educando. Freire anuncia e problematiza em seu livro o compromisso histórico da humanidade com a educação.

LA TAILLE, Y.; DANTAS, H.; OLIVEIRA, M. K. **Piaget, Vygotsky e Wallon**: teorias psicogenéticas em discussão. São Paulo: Summus, 1992.

Essa obra apresenta uma interlocução entre Piaget, Vygotsky e Wallon, apontando os fatores biológicos e sociais no desenvolvimento psicológico e a questão da afetividade e da cognição presentes em suas concepções, com base na visão de três professoras da Universidade de São Paulo, da área de psicologia do desenvolvimento e da aprendizagem.

NUNES, A. I.; SILVEIRA, R. N. **Psicologia da aprendizagem**: processos, teorias e contextos. Fortaleza: Liber Livro, 2008. (Série Formar).

Este livro faz parte de uma coleção, lançada pela Liber Livro, que contém outras três obras: "Educação básica política e gestão da escola", "Psicologia do desenvolvimento: teorias e temas contemporâneos" e "Didática e docência: aprendendo a profissão". Juntas, essas obras fazem parte da "Série Formar", que pretende contribuir com o ensino superior por meio de livros didáticos para esse nível de ensino. Este livro em particular, "Psicologia da Aprendizagem: processos, teorias e contextos", aborda o conceito de aprendizagem como processo central para a constituição do ser humano como sujeito histórico, social e cultural. Apresenta, ainda, as principais teorias e conceitos que permeiam os processos psicológicos de aprendizagem escolar.

PLACCO, V. M. N. S.; SOUZA, V. L. T. (Org.). **Aprendizagem do adulto professor.** São Paulo: Loyola, 2006.

Esta obra apresenta uma importante contribuição sobre a formação docente em relação à sua aprendizagem do professor-adulto que é, com suas especificidades, campo e espaço de estudos não adequadamente estudados e compreendidos, atualmente. Traz as reflexões e as experiências de um Grupo de Estudos da PUCSP, sobre o tema "Como aprende o adulto professor". Além disso, apresenta as pesquisas e estudos teórias referentes à formação do professor em seus aspectos bio-psico-sociais-educacionais, dando enfoque ao processo de formação inicial e continuada. Inclui ainda um conjunto de dimensões que corroboram os processos formativos

REGO, T. C.; AQUINO, J. G. Freud pensa a educação. **Revista Educação,** São Paulo, 2006. (Coleção Biblioteca do Professor, n. 1).

Essa revista aborda as principais questões da vida e da obra de Freud e suas relações com a educação de diversos especialistas renomados, trazendo textos didáticos de fácil compreensão para aqueles que desejam iniciar seus estudos na teoria freudiana.

ZANOTTO, M. L. B.; MOROZ, M.; GIÓIA, P. S. **Behaviorismo radical e educação.** ago. 2008. Disponível em: <http://www.redepsi.com.br/portal/modules/smartsection/item.php?itemid=1257>. Acesso em: 11 nov. 2009.

Este artigo expõe a visão behaviorista radical sobre o ser humano e é dirigido especialmente a educadores, procurando explicitar conceitos, utilizando exemplos e levantando implicações com base no contexto educacional.

Gabarito

Capítulo 1

Atividades de Autoavaliação

1. V, V, V, F
2. b
3. a
4. V, V, F, F
5. F, F, V, V

Atividades de Aprendizagem

Questões para Reflexão

1. Espera-se que o estudante recapitule o conteúdo e relacione esses dois conceitos com vivências pessoais durante sua trajetória de vida escolar, enfatizando a importância do desejo de aprender e do fenômeno da transferência para um desenvolvimento adequado do processo de aprendizagem acadêmica.
2. O objetivo desta questão é levar o leitor a analisar a teoria behaviorista e apresentar prós e contras a respeito dessa linha de pensamento, visto que essa teoria tem sofrido grandes preconceitos acadêmicos no campo educacional, ao longo da história da educação, apesar de trazer importantes contrições para essa área.

Capítulo 2

Atividades de Autoavaliação

1. c
2. F, V, F, V
3. c
4. d
5. F, V, V, F

Atividades de Aprendizagem

Questões para Reflexão

1. O intuito dessa análise é instrumentalizar o estudante quanto à importância de interpretar o conhecimento que o aluno já possui e o que ele necessita aprender, reconhecendo as possibilidades da

sala de aula como espaço de interação social e aprendizado mútuo. Além disso, a explicação do conceito de Zona de Desenvolvimento Proximal (ZDP) propiciará o reconhecimento da função mediadora do professor nas situações de ensino e aprendizagem dos alunos.
2. Nessa questão, o estudante deverá identificar os conceitos, seguindo a seguinte ideia: Piaget enxerga o desenvolvimento do individual para o social, portanto, para ele, o desenvolvimento da linguagem acontece "de dentro para fora". Já para Vygotsky, ao contrário de Piaget, como o desenvolvimento do ser humano se dá do social para o individual, ocorre o mesmo com a linguagem, que se dá, dessa forma, "de fora para dentro".

Capítulo 3

Atividades de Autoavaliação

1. c
2. d
3. a
4. a
5. c

Atividades de Aprendizagem

Questões para Reflexão

1. Espera-se que o leitor compreenda a necessidade da integração dos aspectos sociais, afetivos e cognitivos que permeiam a ação docente, apontando exemplos de suas próprias vivências como estudantes, vinculando, dessa forma, a teoria à prática.
2. O intuito dessa questão é levar o leitor a apontar algumas características necessárias aos professores, trabalhadas neste capítulo,

tais como a capacidade de: potencializar o desenvolvimento da inteligência; estimular a criatividade dos alunos; orientar as aulas de modo que o aluno faça uso construtivo e efetivo da memória de modo a reter conhecimentos; adequar a metodologia, a avaliação e os recursos didáticos de maneira a motivar os alunos para aprender significativamente; selecionar e adequar os conteúdos ao nível de aprendizagem dos alunos. Além disso, utilizar um vocabulário acessível, para favorecer a criação de espaços/ambientes motivadores, estimulando a participação, a indagação, a investigação, a descoberta, a reflexão, sempre considerando a dimensão afetiva no processo de ensino-aprendizagem.

Capítulo 4

Atividades de Autoavaliação

1. b
2. a
3. c
4. d
5. b

Atividades de Aprendizagem

Questões para Reflexão

1. Resposta de cunho pessoal.
2. Resposta de cunho pessoal.
3. Essa questão visa levar o estudante a refletir sobre a necessidade de desenvolver, no ensino superior, sua responsabilidade como adulto, sujeito da sua própria aprendizagem, em busca de auto-

nomia, sendo capaz de refletir, intervir, perguntar, discordar, mas também, é claro, de cumprir com os acordos firmados com professores e colegas, em relação a datas e prazos de entrega de trabalhos, por exemplo.

Capítulo 5

Atividades de Autoavaliação

1. d
2. F, F, V, V
3. c
4. b
5. b

Atividades de Aprendizagem

Questões para Reflexão

1. O leitor deve apontar aqui alguns exemplos de formas de atuação do professor como mediador do processo de ensino-aprendizagem do aluno adulto citadas neste capítulo e enfatizar a necessidade da parceria, da comunicação, e a preocupação com os outros elementos que favorecem ou dificultam a aprendizagem.
2. O objetivo dessa questão é levar o estudante a realizar uma pesquisa em outras fontes que abordem esse assunto, por meio da internet, em bibliotecas e em outras fontes de informação, com o intuito de prepará-lo não só para os trabalhos de produção de conhecimento, exigidos pela pós-graduação, mas também para estimular o desenvolvimento de suas habilidades de pesquisa de modo geral.

Nota sobre a autora

Makeliny Oliveira Gomes Nogueira é mestre em Psicologia da Educação pela Pontifícia Universidade Católica de São Paulo – PUCSP (2008) e licenciada em Filosofia pela Universidade Federal de Ouro Preto – Ufop (1999). Possui especialização em Psicopedagogia pela Universidade Católica do Salvador – UCSAL (2002), em Deficiência Mental pela Escola Bahiana de Medicina e Saúde Pública (2005) e em Educação Transdisciplinar e Desenvolvimento Humano pela Universidade Federal da Bahia – UFBA (2006). É formada em Teatro pela Ufop (2000) e em Psicanálise pelo Círculo Psicanalítico da Bahia

CPB (2003). Iniciou sua carreira docente no ensino superior como professora de Filosofia na Faculdade de Ciências da Bahia – Faciba, entre 2003 e 2006. Posteriormente, lecionou no curso de Pedagogia da Faculdade Metropolitana de Camaçari – Famec (2006–2007), na qual também foi responsável pela criação e implantação do Núcleo de Apoio Psicopedagógico – NAP, para os alunos das diversas graduações dessa instituição, atuando como coordenadora e como psicopedagoga do NAP. Trabalhou ainda como psicopedagoga clínica e como docente em cursos de especialização em Psicopedagogia, Educação Especial e Metodologia do Ensino Superior. Atualmente, leciona no curso de pós-graduação em Metodologia do Ensino na Educação Superior do Centro Universitário Uninter e dedica-se ao doutorado em Psicologia da Educação na PUCSP, onde integra o grupo de pesquisa "A dimensão subjetiva da desigualdade social", coordenado pela professora Dr.ª Ana M. B. Bock.

Impressão: Maxi Gráfica
Maio/2014